Une décennie de tendances, de données et d'analyses OCDE sur la concurrence

OCDE

DES POLITIQUES MEILLEURES POUR UNE VIE MEILLEURE

Merci de citer cet ouvrage comme suit :
OCDE (2025), *Une décennie de tendances, de données et d'analyses OCDE sur la concurrence*, Éditions OCDE, Paris, https://doi.org/10.1787/9c7d1abb-fr.

ISBN 978-92-64-85720-9 (imprimé)
ISBN 978-92-64-50309-0 (PDF)
ISBN 978-92-64-75853-7 (HTML)

Crédits photo : Couverture © gorodenkoff/iStock by Getty Images.

Les corrigenda des publications de l'OCDE sont disponibles sur : https://www.oecd.org/fr/publications/support/corrigenda.html.

Préface

Au cours de la dernière décennie, l'application du droit de la concurrence a été influencée par une série de transformations du marché et d'évolutions macroéconomiques marquées. La pandémie de COVID-19 a perturbé les chaînes d'approvisionnement et accéléré la numérisation ; le retour de l'inflation et la hausse des taux d'intérêt ont modifié la dynamique du marché et le cours de l'investissement ; enfin, les tensions géopolitiques ont généré de nouveaux enjeux complexes pour le commerce mondial. Parallèlement, l'émergence de plateformes numériques, de technologies d'intelligence artificielle et de nouveaux modèles d'entreprise a remis en question les cadres de contrôle traditionnels. Ces évolutions ont donné lieu à de nouvelles théories des effets concurrentiels, telles que les acquisitions prédatrices, l'autopréférence et les pratiques d'eviction liées aux données, qui obligent les autorités chargées de l'application du droit de la concurrence à adapter leurs outils analytiques et leurs approches juridiques.

Pour comprendre l'orientation et l'intensité de l'application du droit de la concurrence, il ne suffit pas de s'appuyer sur des observations ponctuelles. Il faut aussi disposer de données solides et systématiques. En tant qu'organisation axée sur les résultats et dont les travaux reposent sur des données probantes, l'OCDE reconnaît que les statistiques relatives à l'application du droit de la concurrence constituent un instrument essentiel pour étudier l'évolution de la politique de la concurrence, déterminer les domaines prioritaires en matière d'application du droit de la concurrence et vérifier si les instruments à notre disposition sont utilisés efficacement. Ces statistiques permettent aux autorités de la concurrence de réfléchir non seulement au volume d'activité, mais aussi à son orientation stratégique et à son alignement sur des objectifs politiques plus vastes.

La présente édition du rapport *Tendances de l'OCDE sur la concurrence* marque dix années de collecte de données sur les statistiques relatives à l'application du droit de la concurrence. Au cours de cette période, cet ensemble de données s'est imposé comme une ressource précieuse pour l'analyse de la mise en œuvre des politiques de concurrence à travers différentes juridictions et leur évolution au fil du temps. Il offre la possibilité d'aller au-delà des études de cas et des observations empiriques, en fournissant une perspective plus complète sur les tendances en matière d'application, les priorités et l'évolution institutionnelle. Si les résultats agrégés ne permettent pas de rendre compte à tous égards des réalités spécifiques de chaque juridiction de l'échantillon, ils apportent néanmoins des informations intéressantes sur le paysage global et nous aident à mieux comprendre notre rôle au sein de celui-ci. Ils permettent aux autorités de la concurrence d'identifier les trajectoires à long terme, d'analyser la réactivité de l'application du droit face aux nouveaux défis et de mieux comprendre l'interaction entre les différents outils en la matière. Cette édition spéciale a pour objectif de présenter les chiffres les plus récents et d'offrir une analyse sur l'évolution de l'application du droit de la concurrence depuis dix ans, sous l'influence des nouvelles dynamiques du marché et des débats relatifs à l'action publique.

En tant que président du Comité de la concurrence de l'OCDE, j'ai l'honneur de contribuer à cette édition spéciale. Je me félicite des travaux que cette base de données permettra de mener à bien à l'avenir. Cet outil illustre parfaitement le rôle analytique de l'OCDE et sa contribution à la promotion de la coopération internationale entre les autorités de la concurrence. Il sera essentiel de renforcer les efforts de collaboration et de diffuser l'utilisation des données communes pour relever les défis de la concurrence, qui sont de plus en plus complexes et transfrontières. Le présent rapport constitue un pas dans cette direction, en contribuant à créer une compréhension collective des activités d'application du droit de la concurrence et en encourageant le dialogue sur les moyens d'une collaboration plus efficace.

Le rapport de cette année dresse un tableau contrasté des dix dernières années. Dans l'ensemble, on observe une baisse des activités d'application du droit de la concurrence, ce qui invite à s'interroger sur l'éventuelle évolution des priorités, sur les tensions au niveau des ressources ou sur la transformation de la nature et de la complexité de l'application du droit de la concurrence. En revanche, les activités de contrôle des fusions ont augmenté, en particulier après la pandémie de COVID-19, semblant indiquer une attention croissante à la prévention de la concentration du marché et des changements structurels dans les différents secteurs. En outre, le recours aux études de marché s'est intensifié dans l'ensemble des juridictions de l'OCDE, continuant à servir d'instrument clé pour améliorer la compréhension du fonctionnement d'un secteur et diagnostiquer les problèmes de concurrence, éventuellement avant l'application de la loi.

En interprétant ces tendances, il est important de prendre en compte non seulement le volume des affaires, mais aussi leur impact stratégique. L'application du droit demeure un pilier de la politique de la concurrence, mais son efficacité dépend de la capacité à s'adapter aux nouveaux défis, à allouer les ressources judicieusement et à maintenir un cadre d'action cohérent.

Ces tendances mettent en évidence la nécessité d'adopter une approche agile et flexible dans l'application du droit de la concurrence. À mesure que les marchés évoluent, sous l'influence des nouvelles technologies, de la mondialisation et des nouveaux modèles d'entreprise, nos stratégies en matière d'application du droit doivent elles aussi évoluer. Nous espérons que ce rapport favorisera une réflexion et un dialogue éclairés entre les autorités chargées de l'application, les responsables de l'action publique et les parties prenantes, tout en contribuant à une compréhension commune de la manière dont la politique de la concurrence est mise en œuvre dans la pratique.

Benoît Cœuré,
Président du Comité de la concurrence de l'OCDE

Avant-propos

La présente édition spéciale du rapport *Tendances de l'OCDE sur la concurrence* donne un éclairage sans équivalent sur les tendances mondiales de la concurrence à partir d'une décennie de données provenant de 66 juridictions membres et non membres de l'OCDE. Elle analyse des données pluriannuelles relatives à un grand nombre d'indicateurs économiques et juridiques réunis dans la base de données CompStats de l'OCDE, en mettant l'accent sur les principales tendances observées au cours des dix dernières années. Ce faisant, le rapport éclaire l'élaboration des politiques publiques et contribue à améliorer le droit et la politique de la concurrence dans le monde.

Le Comité de la concurrence de l'OCDE, qui rassemble des représentants de haut niveau des autorités de la concurrence des pays membres de l'OCDE, ainsi que d'autres partenaires et organisations internationales, constitue pour les pouvoirs publics la principale source d'analyses et de conseils sur les meilleurs moyens de mettre les forces du marché au service d'une économie mondiale plus efficiente et plus prospère. Depuis 60 ans, l'OCDE et son Comité de la concurrence ont joué un rôle moteur dans la mise en place du cadre pour l'échange des pratiques exemplaires en matière de droit et de politique de la concurrence et pour la promotion de la coopération internationale entre autorités de la concurrence. Les recommandations, pratiques exemplaires et tables rondes sur les politiques publiques qui en découlent servent à la fois de modèles et de source d'inspiration pour les initiatives nationales, ainsi que d'outils de diffusion des meilleures pratiques mondiales en matière de droit et de politique de la concurrence. Les représentants de l'État et les responsables de la politique de la concurrence d'économies développées et émergentes disposent ainsi d'une plateforme unique pour suivre les évolutions de la politique de la concurrence et de son application et pour réfléchir à des solutions novatrices propres à en accroître l'efficacité.

La base de données CompStats de l'OCDE est le fruit d'une initiative lancée en 2018. Elle regroupe des statistiques générales sur les autorités de la concurrence, dont des informations sur l'action répressive, les ressources et les études de marché. Les données sont collectées chaque année et couvrent actuellement la période 2015-24. Elles sont présentées à un niveau agrégé, regroupant les données nationales afin de fournir des totaux et des moyennes pour toutes les juridictions, membres et non membres de l'OCDE. Ce rapport offre également, dans son Annexe A, un aperçu de l'évolution des variables les plus pertinentes à l'échelle régionale, en présentant des données agrégées pour quatre régions géographiques (Amériques, Asie-Pacifique, Europe et Moyen-Orient et Afrique [MOA]). L'Annexe B comprend des graphiques présentant les totaux de toutes les variables CompStats pertinentes. L'Annexe C contient la liste complète des juridictions participantes, accompagnée des listes des autorités de la concurrence qui ont communiqué des données pour chaque juridiction. On trouvera un fichier Excel contenant un ensemble complet de graphiques qui englobe tous les indicateurs en lien avec l'application du droit de la concurrence, à savoir l'ensemble des indicateurs pour toutes les années (2015 à 2024), sur le site web de la publication *Tendances de l'OCDE sur la concurrence*.

Alors que le rôle et le périmètre du droit et de la politique de la concurrence continuent d'évoluer, les autorités de la concurrence doivent sans cesse améliorer leurs outils et intégrer les enseignements tirés par leurs homologues. Cette publication aide les responsables de l'action publique et les autorités d'application du droit de la concurrence à se tenir informés des diverses modalités d'application du droit et de la politique de la concurrence à travers le monde.

Elle a été préparée par la Division de la concurrence de l'OCDE, et notamment par une équipe constituée d'Aura García Pabón, cheffe de projet, de Greg Jackson et de Maddalena Grassi. Les commentaires et suggestions formulés par Ori Schwartz, Antonio Capobianco et Federica Maiorano, également membres de la Division de la concurrence, ont été mis à profit. Ce rapport a été préparé pour publication par Erica Agostinho. Les auteurs remercient les autorités de la concurrence des juridictions participantes qui ont communiqué les informations à la base de cette publication.

Table des matières

GRAPHIQUES

INFOGRAPHIES

TABLEAUX

Résumé

La présente édition spéciale du rapport *Tendances de l'OCDE sur la concurrence* décrit les principales tendances observées entre 2015 et 2024 en matière d'application du droit de la concurrence dans le monde, en s'appuyant sur une enquête annuelle concernant les statistiques de la concurrence menée auprès des autorités de la concurrence (CompStats). La base de données CompStats de l'OCDE couvre désormais dix années de données concernant 66 juridictions.

L'analyse porte l'attention sur l'évolution des activités de fusion, passe en revue les études de marché, donne un aperçu de l'évolution de l'application du droit de la concurrence et présente les principales tendances concernant les ressources à disposition des autorités de la concurrence. Les principaux éclairages sont résumés ci-après.

Tendances concernant les activités de fusion

Les tendances mondiales des activités de fusion observées au cours de la dernière décennie ont été influencées par la dynamique macroéconomique et les chocs, les notifications de fusion ayant atteint un pic en 2021. Les périodes de forte croissance du PIB, en général, stimulent les transactions, tandis que les périodes de récession ou de ralentissement de la croissance les freinent. La pandémie de COVID-19 a provoqué le choc le plus marquant, entraînant une baisse significative en 2020. Globalement, le volume des opérations a progressé ces dix dernières années, atteignant son point culminant en 2021, où plus de 12 000 notifications ont été enregistrées.

Les autorités de la concurrence ont maintenu des niveaux stables d'intervention dans le contrôle des fusions. Le taux moyen d'intervention est resté relativement constant pendant la décennie écoulée (entre 4 et 7 %) malgré l'augmentation du nombre de fusions examinées (environ 20 % entre 2015 et 2024). Il convient de noter que le nombre de fusions interdites ou contestées a augmenté dans les juridictions de l'OCDE, où la plupart des décisions d'interdiction sont prises. Toutefois, le nombre de fusions approuvées sous réserve de mesures correctives a légèrement diminué.

Ces dix dernières années, les régimes de contrôle des fusions ont vu leurs caractéristiques s'harmoniser. Les régimes de contrôle obligatoires *ex ante* en deux phases sont très fréquents dans les juridictions figurant dans la base de données CompStats, le chiffre d'affaires étant le critère le plus couramment utilisé pour déclencher la notification.

Études de marché

Les études de marché demeurent un outil pertinent pour les autorités de la concurrence. Les autorités de la concurrence réalisent en moyenne trois études de marché par an. Ce nombre est resté stable au cours de la décennie dans l'ensemble de l'échantillon, tandis que les juridictions de l'OCDE ont observé une forte augmentation du nombre d'études réalisées. Bien que la portée et l'envergure des études de marché varient, cette évolution souligne que cet outil demeure pertinent pour les autorités de la concurrence qui souhaitent évaluer le fonctionnement efficace de la concurrence sur un marché et formuler des recommandations pour remédier à d'éventuels problèmes.

Tendances concernant l'application du droit de la concurrence

Pendant la période considérée, on a observé un recul général des activités d'application du droit de la concurrence. Cette tendance concerne notamment les principales mesures d'application dans les affaires d'ententes et d'abus de position dominante, telles que le nombre d'enquêtes, de décisions constatant une infraction, de perquisitions inopinées et d'amendes infligées dans le cadre d'ententes. Les raisons potentielles contribuant à la baisse des activités d'application du droit de la concurrence pourraient être les suivantes :

- l'élargissement des priorités des autorités de la concurrence au-delà de l'application du droit, telles que l'accent mis sur l'augmentation des activités de fusion, les nouvelles responsabilités et la place privilégiée accordée aux activités de sensibilisation
- la complexité accrue des affaires d'application du droit de la concurrence
- les perturbations liées à la crise du COVID-19 et la diminution du nombre de demandes de clémence
- la conclusion d'affaires majeures au début de la décennie et l'effet dissuasif potentiel.

Les décisions d'application du droit adoptées dans les affaires d'abus de position dominante ont connu la plus forte baisse. Au cours de la période examinée, près de 80 % des décisions ont concerné des affaires mettant en cause des accords anticoncurrentiels, le reste portant sur des pratiques unilatérales. La proportion d'affaires impliquant des pratiques unilatérales est passée de plus de 25 % au début de la période à environ 15 % plus récemment. Toutefois, les enquêtes pour abus de position dominante ont représenté une part plus importante, atteignant un pic de 39 % en 2021, avant de diminuer ces dernières années.

Les juridictions sont de plus en plus enclines à accepter des engagements dans les affaires d'abus de position dominante. Si le nombre de transactions amiables et d'engagements a diminué, conformément à la baisse générale des activités d'application du droit de la concurrence, une proportion plus élevée d'affaires d'abus de position dominante se sont soldées par des procédures négociées au cours des cinq dernières années.

Tendances concernant les ressources et le cadre institutionnel

Dans l'ensemble, les ressources ont augmenté pendant la décennie écoulée, tant en termes nominaux qu'en termes réels, dans la plupart des juridictions figurant dans la base de données CompStats. Si cela vaut également pour le nombre moyen d'employés dédiés à la concurrence, au niveau des juridictions, le tableau concernant la croissance des effectifs est contrasté. Plus de 25 % des juridictions ont vu leurs effectifs dédiés à la concurrence diminuer ces dix dernières années.

Certaines autorités de la concurrence ont modifié leur structure en réponse à la numérisation. La dernière décennie a été marquée par des changements notables dans le cadre institutionnel et l'organisation interne des autorités de la concurrence, qui sont passées du recrutement de personnel doté de nouvelles compétences à la mise en place d'unités distinctes afin de centraliser les compétences numériques.

Infographie 1. Aperçu global – Une décennie de tendances de l'OCDE sur la concurrence

2015-2024 | **10 années de tendances de l'OCDE sur la concurrence** | **66**
couvrant la quasi-totalité de l'application du droit de la concurrence au niveau mondial | **juridictions**

Les tendances mondiales en matière de fusions au cours de la dernière décennie ont été influencées par la dynamique et les chocs macroéconomiques, avec un pic en 2021 et plus de 12 000 notifications de fusion.

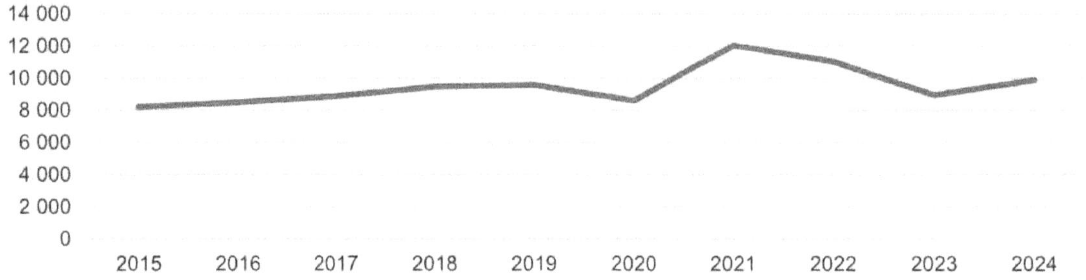

Les interdictions de fusion sont en augmentation et de plus en plus d'autorités interviennent. En 2024, 36 transactions ont été contestées ou interdites par 20 juridictions différentes.

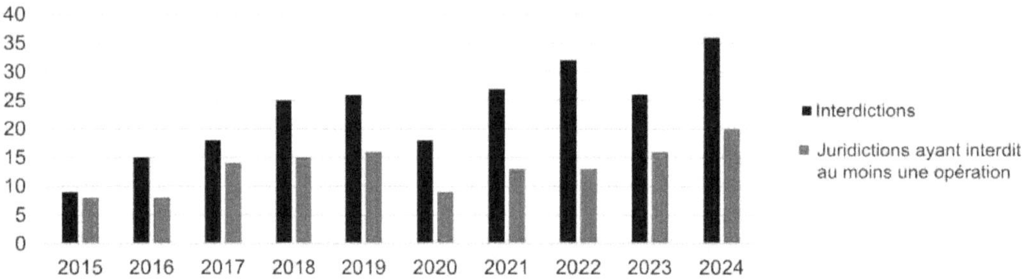

Les activités d'application du droit de la concurrence ont connu une baisse au cours de la décennie écoulée, les décisions relatives à l'abus de position dominante ayant connu la plus forte baisse.

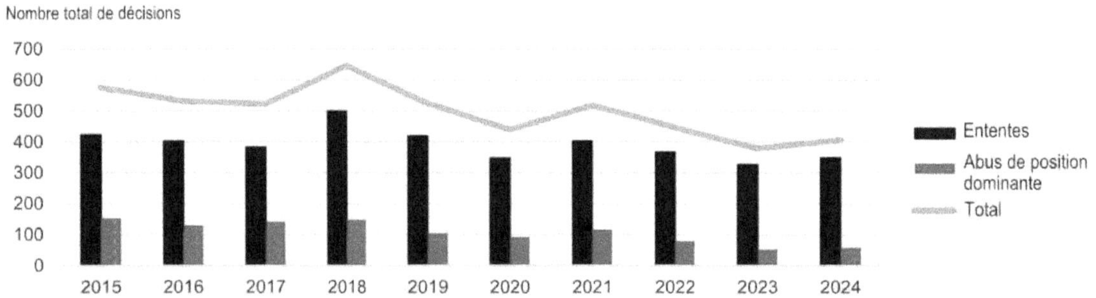

Les budgets consacrés à la concurrence ont augmenté en termes réels au cours de la dernière décennie.

Budget réel consacré à la concurrence
2015
18.65 millions EUR

Budget réel moyen
2024
27.77 millions EUR

Taux de croissance annuel moyen
4 %

Note : Données établies à partir des juridictions figurant dans la base de données CompStats de l'OCDE qui ont fourni des statistiques sur chacune des variables pour la période 2015-24.
Source : base de données CompStats de l'OCDE.

1 Introduction

Le présent chapitre tient lieu d'introduction au rapport, en rendant compte des principaux changements qui ont modelé l'application du droit de la concurrence au cours de la décennie écoulée. Il fournit des éléments de contexte sur les différentes dynamiques qui ont influé sur l'application du droit de la concurrence entre 2015 et 2024.

L'enquête de l'OCDE sur les statistiques de la concurrence (CompStats) recueille des données sur l'activité des autorités de la concurrence de façon globale dans 66 juridictions[1]. Ces données visent des domaines divers, notamment l'application du droit, les ressources et les études de marché. Désormais, l'enquête a recueilli des données couvrant une période de dix ans, de 2015 à 2024. Afin de marquer l'étape importante que représente ces dix années de données, le rapport *Tendances de l'OCDE sur la concurrence* de cette année revient sur les changements survenus depuis dix ans.

Pendant la décennie écoulée, la politique de la concurrence a subi des transformations importantes, influencées par diverses évolutions et facteurs ayant une incidence sur la concurrence. Les éléments clés qui ont façonné la politique de la concurrence au cours de la période examinée sont (1) l'émergence plus rapide d'innovations disruptives et la croissance des plateformes numériques, y compris l'intelligence artificielle (IA) générative et d'autres évolutions dans le domaine de l'IA, qui ont conduit à accorder une attention accrue aux marchés numériques du point de vue de l'application du droit et de la réglementation *ex ante*, et (2) les conséquences de la pandémie de COVID-19 et la manière dont elle a modifié la dynamique tant pour les entreprises que pour les autorités chargées de l'application du droit.

Les progrès technologiques ont donné naissance à de nouveaux modèles d'entreprise, remettant en question les marchés traditionnels et les cadres réglementaires. L'essor des plateformes a bouleversé les marchés existants et posé des défis à l'analyse de la dynamique des marchés. Les évolutions des marchés numériques, plus récemment liées à l'IA, ont fait émerger différents points de vue, ainsi que des sujets de préoccupation pour les autorités de la concurrence. Nombre d'entre elles s'intéressent de plus en plus aux données et au potentiel de l'IA et d'autres innovations à créer ou renforcer des comportements monopolistiques, ce qui a donné lieu à des discussions sur la mise à jour de la réglementation de la concurrence afin de relever ces défis. Dans certaines juridictions de l'OCDE, les autorités de la concurrence ont mené des études de marché, des consultations publiques et d'autres actions de sensibilisation afin de comprendre ces évolutions. Elles ont proposé des mesures législatives et réglementaires pour régler certains problèmes en amont[2] et ont mené des enquêtes de grande envergure contre les géants de la tech (OCDE, 2025[1]). Au niveau de l'OCDE, les tables rondes sur la concurrence dans l'offre de services d'informatique en nuage (OCDE, 2025[2]), la concurrence algorithmique (OCDE, 2023[3]) et les théories des effets anticoncurrentiels pour les fusions numériques (OCDE, 2023[4]), organisées entre 2023 et 2025, ne sont que quelques exemples parmi tant d'autres des multiples discussions sur les marchés numériques qui ont eu lieu pendant la dernière décennie.

Par ailleurs, la pandémie de COVID-19 a eu des répercussions importantes sur la politique de la concurrence au cours de la décennie. Elle a entraîné des perturbations et des changements significatifs dans divers secteurs d'activité et accéléré la numérisation dans d'autres. La pandémie a mis en évidence l'interdépendance des marchés internationaux et des chaînes mondiales de valeur, et l'explosion des aides d'État a soulevé des questions quant à l'égalité des conditions de concurrence. Les autorités de la concurrence ont dû adapter leur mode de fonctionnement et réagir à cette situation (OCDE, 2021[5]). Des questions telles que la tarification excessive, les prix abusifs ou la surveillance des prix sont devenues partie intégrante des activités quotidiennes de certaines autorités à travers le monde, ne serait-ce que temporairement (UNCTAD, 2022[6]).

L'interaction entre la concurrence et d'autres domaines d'action des pouvoirs publics est devenue plus visible ces dernières années. Les politiques publiques relatives à l'industrie, au commerce, à l'environnement et au travail, et d'autres encore, font désormais partie des débats sur les problèmes touchant à la concurrence, y compris au moyen d'appels lancés aux autorités de la concurrence pour qu'elles tiennent compte de ces dimensions dans leurs activités d'application du droit. L'OCDE a organisé plusieurs tables rondes pour discuter de l'interaction entre la concurrence et d'autres politiques telles que la confidentialité des données (OCDE, 2024[7]), la politique industrielle (OCDE, 2024[8]), le commerce (OCDE, 2022[9] ; 2021[10]) et l'environnement (OCDE, 2023[11] ; 2021[12] ; 2021[13]).

Le graphique suivant décrit des événements importants survenus ces dix dernières années. Ces éléments de contexte permettent de mieux comprendre les différentes forces en jeu qui ont influé sur l'application du droit de la concurrence entre 2015 et 2024. Comme on peut le constater, la décennie a été marquée par une attention croissante portée aux marchés technologiques et au lien entre la concurrence et d'autres domaines d'action des pouvoirs publics. Il sera important de veiller à ce qu'une politique de la concurrence solide continue de jouer un rôle majeur ces dix prochaines années.

Graphique 1.1. Événements importants de la dernière décennie

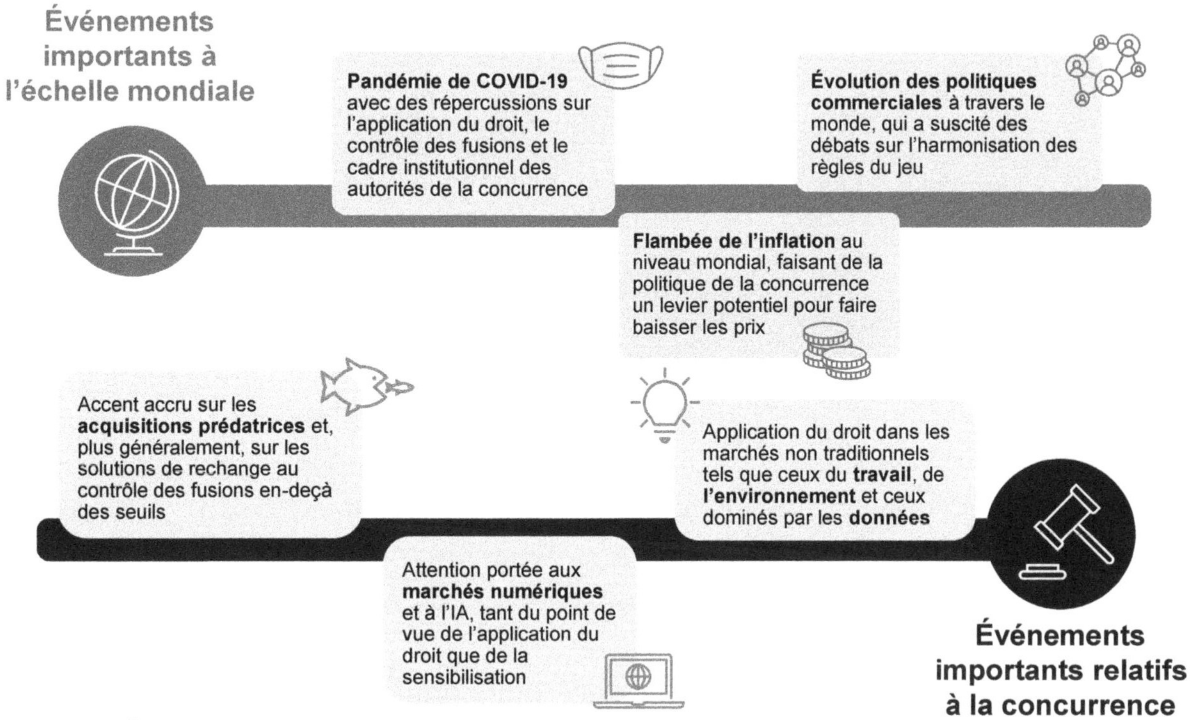

Le rapport englobe tous les domaines pour lesquels des statistiques sont collectées dans la base de données CompStats, notamment :

- le contrôle des fusions
- les études de marché
- l'application du droit, y compris en matière d'ententes, d'autres types d'accords illicites et d'abus de position dominante
- les ressources et le cadre institutionnel.

Il comprend des graphiques et des analyses des évolutions constatées à partir des données recueillies dans la base de données CompStats, complétés par un examen des principaux changements qui ont eu lieu dans différentes juridictions et des thèmes débattus au sein de l'OCDE pendant la décennie[3].

2 Le contrôle des fusions

Le présent chapitre analyse l'évolution des activités de fusion. Il examine les caractéristiques des régimes de contrôle des opérations de fusion et les forces qui ont animé les notifications pendant la dernière décennie, ainsi que les interventions des autorités de la concurrence en la matière.

Comme indiqué dans sa Recommandation sur le contrôle des fusions [OECD-LEGAL-0333], l'OCDE reconnaît que le contrôle des fusions est une composante fondamentale des régimes de concurrence en ce qu'il permet de prévenir les préjudices causés par des opérations anticoncurrentielles susceptibles de réduire la concurrence. Dans le présent chapitre, nous examinerons les données relatives aux activités de fusion observées ces dix dernières années. Nous nous intéresserons aux tendances observées dans les régimes de contrôle des fusions, notamment leurs caractéristiques, les facteurs en jeu influençant le volume des notifications de fusion adressées aux autorités de la concurrence ainsi que le type de décisions prises par ces dernières.

Entre 2015 et 2024, plus de 95 000 opérations de fusion ont été notifiées à 59 juridictions figurant dans la base de données CompStats et environ 91 000 décisions ont été prises. Parmi celles-ci, 97.98 % ont été autorisées sans condition, 1.76 % ont été autorisées sous réserve de mesures correctives et seulement 0.25 % ont été interdites ou contestées. Pendant ces dix années, 611 fusions ont été retirées par les parties, soit 0.65 % des opérations notifiées. Graphique 2.1 illustre les totaux relatifs aux principaux indicateurs des opérations de fusion au cours de la décennie.

Graphique 2.1. Principaux indicateurs des opérations de fusion, totaux pour 2015-24

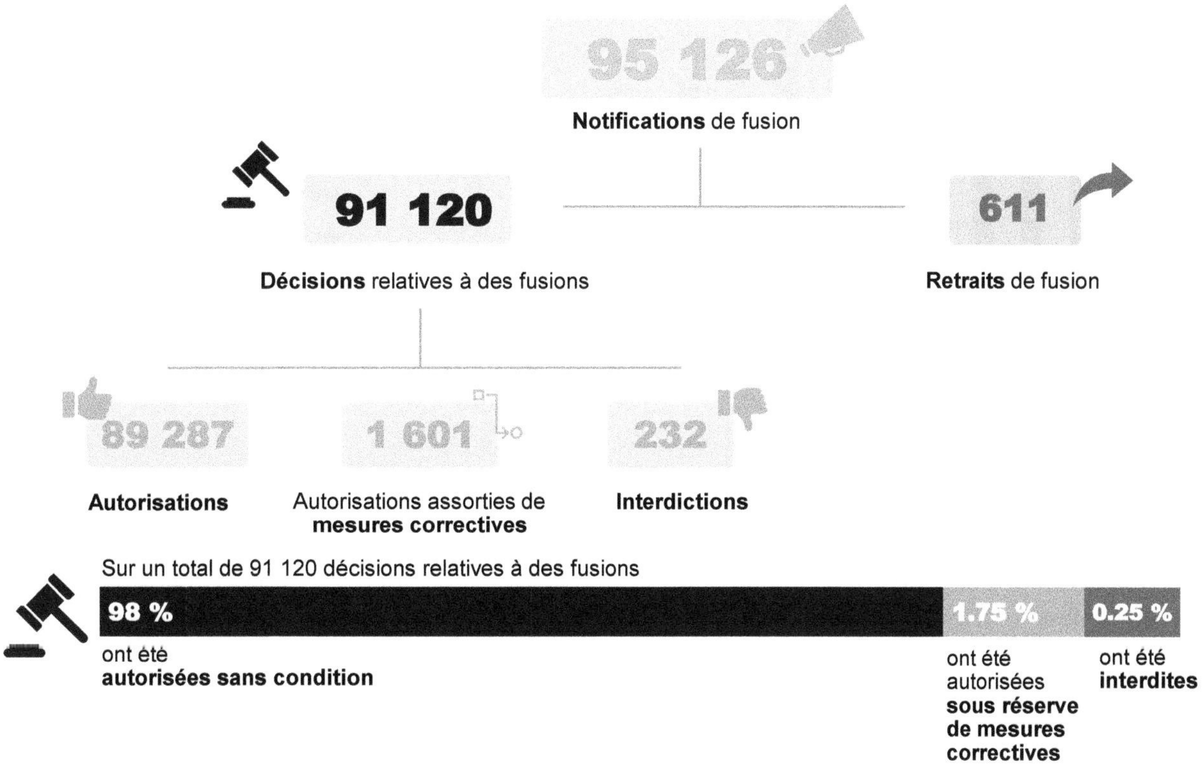

Note : données établies à partir des juridictions figurant dans la base de données CompStats de l'OCDE qui ont fourni des statistiques sur chacune des variables pour la période 2015-2024. Les chiffres présentés dans ce graphique représentent les totaux pour l'ensemble de la décennie. Ils ne doivent pas être interprétés comme des moyennes annuelles ni comparés directement aux chiffres annuels et par juridiction utilisés ailleurs dans ce rapport.
Source : base de données CompStats de l'OCDE.

2.1. En 2021, le nombre de notifications de fusion a atteint son plus haut niveau depuis dix ans

Dans l'ensemble, le volume des opérations a augmenté pendant la décennie écoulée. Comme le montre le Graphique 2.2, plus de 12 000 fusions ont été notifiées aux juridictions figurant dans la base de données CompStats en 2021, soit le nombre le plus élevé jamais enregistré en une année. Ce résultat fait suite à une baisse en 2020 (en raison de la pandémie de COVID-19, comme nous le verrons ci-après), lorsque moins de 9 000 notifications ont été enregistrées. En 2024, 9 894 opérations de fusion ont été notifiées, soit une augmentation de 10.6 % par rapport à 2023 et de 20.5 % par rapport à 2015.

Graphique 2.2. Nombre total de notifications de fusion (à gauche) et taux moyen de croissance annuel (à droite) pour les juridictions membres et non membres de l'OCDE, 2015-24

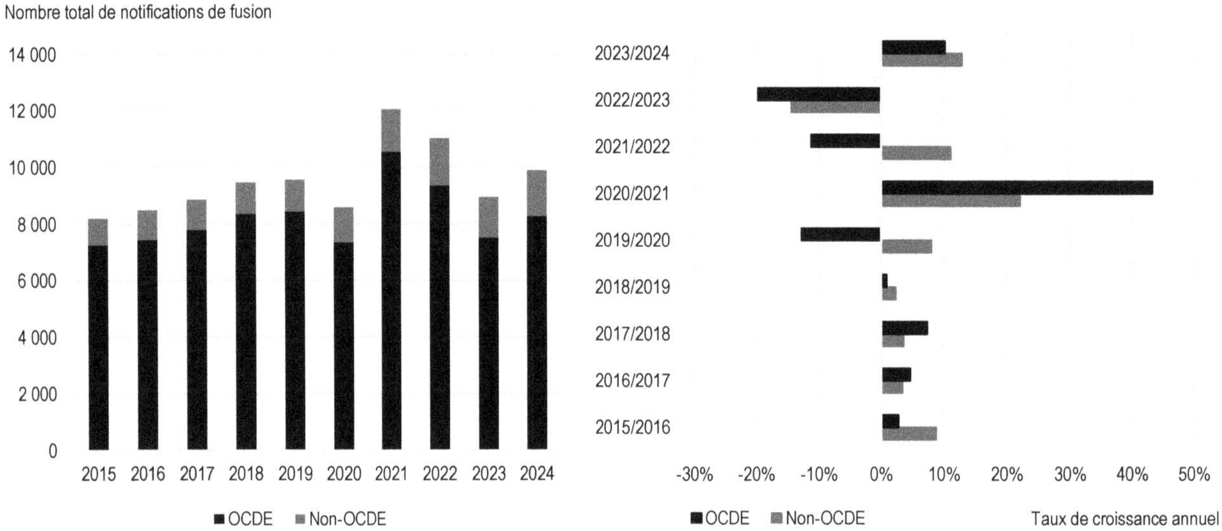

Note : données établies à partir des 59 juridictions figurant dans la base de données CompStats de l'OCDE qui ont fourni des statistiques sur chacune des variables pour la période 2015-2024.
Source : base de données CompStats de l'OCDE.

Les tendances mondiales des dix dernières années en matière de fusions-acquisitions ont été affectées par la dynamique macroéconomique. Une corrélation significative existe entre le nombre de notifications de fusion et des variables telles que la croissance du PIB, l'inflation et les taux d'intérêt. En règle générale, une forte croissance du PIB favorise la hausse des transactions, alors qu'une période de récession ou de ralentissement tend à les limiter (voir le Graphique 2.3). Au cours de la décennie écoulée, la pandémie de COVID-19 a représenté l'un des chocs économiques majeurs, provoquant une diminution de -4.75 % du PIB dans les juridictions de l'OCDE (la baisse du PIB mondial s'est établie à environ 3 % d'après les estimations de l'OCDE (2020[14] ; 2021[15]). Cette contraction a été associée à une réduction des activités de fusion-acquisition observée en 2020 par rapport à 2019. En moyenne, cela s'est traduit par une baisse de 10.3 % du nombre de notifications, tandis que la reprise post-pandémique a entraîné un volume record de transactions en 2021. Cette diminution initiale a été constatée dans 70 % des juridictions de l'échantillon, avec des baisses particulièrement marquées dans les juridictions d'Amérique latine. Ainsi, la Barbade, l'Équateur, le Panama et le Chili ont enregistré une réduction de plus de 40 % des notifications. Une phase de reprise s'est ensuite manifestée, caractérisée par une augmentation moyenne de 40 % des notifications en 2021 par rapport à 2020, touchant 80 % des juridictions concernées. En Lettonie, aux

États-Unis, à Malte, en République slovaque et en Grèce, l'augmentation excédait 100 % par rapport aux chiffres enregistrés en 2020.

Après deux années marquées par des changements importants, 2022 a présenté un tableau contrasté. Dans les juridictions de l'OCDE, le nombre de notifications a diminué, tout en restant supérieures à celles enregistrées avant la pandémie de COVID-19, tandis que dans les juridictions non membres de l'OCDE, elles ont continué d'augmenter. Une hausse imprévue du nombre d'opérations notifiées en 2021, ayant une incidence directe sur le contrôle des fusions, pourrait avoir affecté la mobilisation des ressources allouées par les autorités à cette mission[4]. Pour évaluer un nombre plus important d'opérations, il faut plus de temps et, souvent, une affectation plus souple des effectifs provenant d'autres domaines d'application du droit de la concurrence. Les défis liés à l'affectation des ressources, à la hiérarchisation des dossiers et à l'interaction entre l'augmentation de l'activité dans l'un des domaines de travail et les ressources consacrées à d'autres ont récemment suscité des inquiétudes de la part des autorités de la concurrence[5].

Graphique 2.3. Taux de croissance annuels du PIB (en PPA) dans les juridictions de la base de données CompStats et nombre total de notifications de fusion, 2015-24

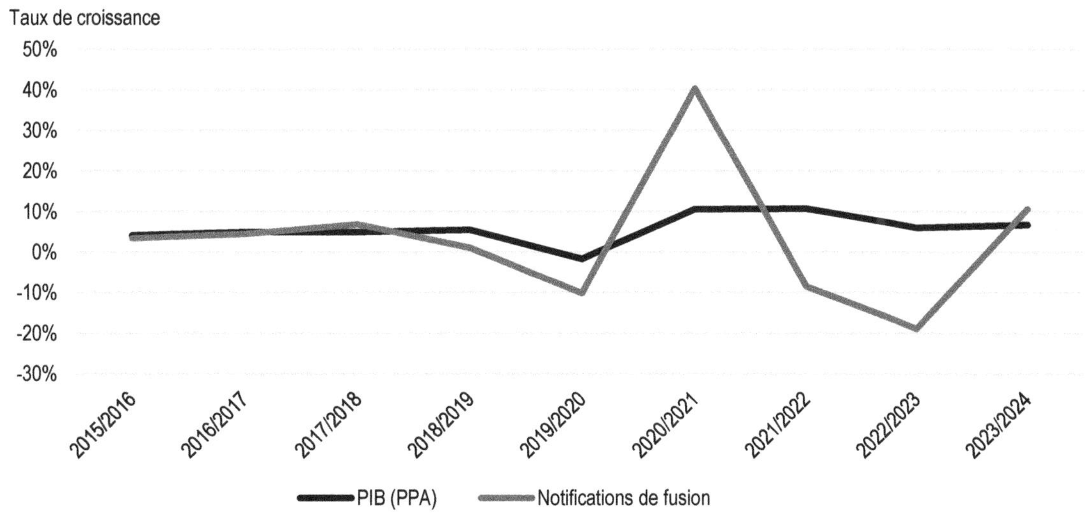

Note : une moyenne sur trois ans est utilisée pour lisser la volatilité causée par les fluctuations aléatoires. Données établies à partir des 59 juridictions figurant dans la base de données CompStats de l'OCDE qui ont fourni des statistiques sur les notifications de fusion pour la période 2015-2024.
Source : base de données CompStats de l'OCDE et Banque mondiale.

La littérature récente suggère que la baisse des taux d'intérêt stimule les opérations en réduisant les coûts d'emprunt, et qu'une inflation élevée, en particulier lorsqu'elle est prolongée, décourage les acquisitions en raison de la réduction des marges bénéficiaires (Lakra, 2024[16] ; Chiriac, 2021[17]). Conformément à ces conclusions, une inflation modérée et des taux d'intérêt bas ont également pu contribuer à l'expansion des activités de fusion-acquisition observée entre 2015 et 2019 et en 2021. À l'inverse, depuis 2022 la hausse des taux d'intérêt a entraîné une diminution de la liquidité et un renchérissement du crédit, facteurs susceptibles d'avoir contribué au ralentissement de l'activité observé en 2022 et 2023. Combinés à une inflation plus élevée, à la décélération de l'activité économique mondiale, à une intensification de l'incertitude macroéconomique et à des tensions géopolitiques accrues, ces éléments ont conduit à des taux de croissance négatifs des opérations de fusion entre 2022 et 2024.

Par ailleurs, les politiques commerciales et la dynamique géopolitique affectent les flux des transactions. Les conflits, les tensions et même les élections engendrent une dynamique d'attentisme, les entreprises suspendant leurs transactions en raison de l'instabilité des droits de douane et de la réglementation

(OCDE, 2025[18]). Si les tensions géopolitiques devaient se réduire et que les taux d'intérêt étaient révisés à la baisse, il serait envisageable qu'une nouvelle vague de fusions advienne, poussant les autorités de la concurrence à se préparer à un afflux potentiel de demandes d'autorisation.

2.2. Les autorités de la concurrence ont maintenu des niveaux d'intervention stables dans les affaires de fusion

La majorité des opérations de fusion examinées par les autorités de la concurrence ne présentent pas d'effet notable sur la concurrence. Cette observation se traduit par un pourcentage moyen élevé d'autorisations de fusion sans mesures correctives, soit 94.6 % par juridiction et par an. Toutefois, malgré l'augmentation du volume d'opérations notifiées pendant la décennie écoulée, les autorités de la concurrence ont conservé un niveau d'intervention relativement constant. Les interventions incluent l'approbation conditionnelle de l'opération, sa contestation ou son interdiction (selon le régime juridique applicable). Le taux moyen d'intervention pendant la période considérée a atteint 5.39 %, avec un pic de 6.87 % en 2017 et des valeurs proches de 4.8 % au début et à la fin de la période (voir le Graphique 2.4). Lorsque l'on examine les taux d'intervention au niveau des juridictions et leur évolution, on constate une augmentation du taux d'intervention dans 23 juridictions et une diminution dans les 25 autres. Six juridictions ont enregistré des niveaux d'intervention stables, comme indiqué dans les données agrégées (voir le Graphique A B.3).

Graphique 2.4. Taux moyen d'intervention dans les affaires de fusion, 2015-24

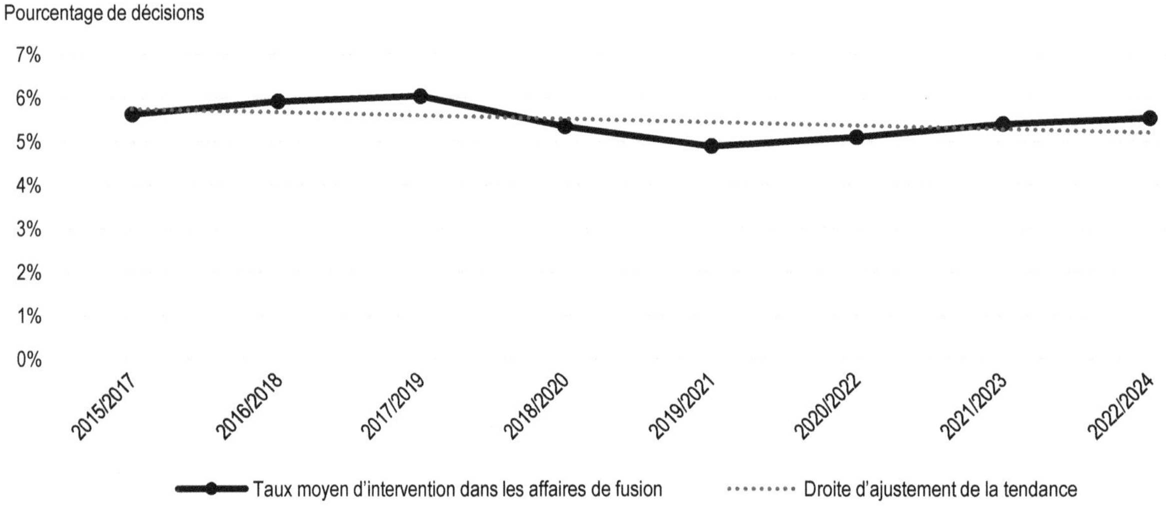

Note : le taux d'intervention correspond à la part des fusions approuvées sous réserve de mesures correctives, interdites ou contestées par rapport au nombre total de décisions relatives à des fusions. Une moyenne sur trois ans est utilisée pour lisser la volatilité causée par les fluctuations aléatoires. Données établies à partir des 54 juridictions figurant dans la base de données CompStats de l'OCDE qui ont fourni des statistiques sur les mesures correctives, ainsi que les interdictions ou contestations relatives aux opérations de fusion pour la période 2015-2024.
Source : base de données CompStats de l'OCDE.

Il convient de noter que le nombre de fusions interdites ou contestées a augmenté en proportion du nombre total de décisions, en particulier dans les juridictions de l'OCDE, où la plupart des décisions d'interdiction sont prises (voir le Graphique 2.5). L'année 2024 a enregistré le plus grand nombre de fusions interdites ou contestées par rapport au nombre total de décisions relatives à des fusions. Comme l'indique l'édition 2024 du rapport *Tendances de l'OCDE sur la concurrence*, selon une analyse portant sur

216 décisions d'interdiction ou de contestation rendues entre 2015 et 2022, les théories unilatérales horizontales des effets anticoncurrentiels sont les plus fréquentes (OCDE, 2024[19]). Les décisions d'interdiction dans les juridictions non membres de l'OCDE sont relativement rares, représentant moins de 0.1 % des décisions relatives aux fusions en 2024.

Graphique 2.5. Pourcentage des fusions contestées ou interdites par rapport au nombre total de décisions relatives aux fusions dans les juridictions membres et non membres de l'OCDE, 2015-24

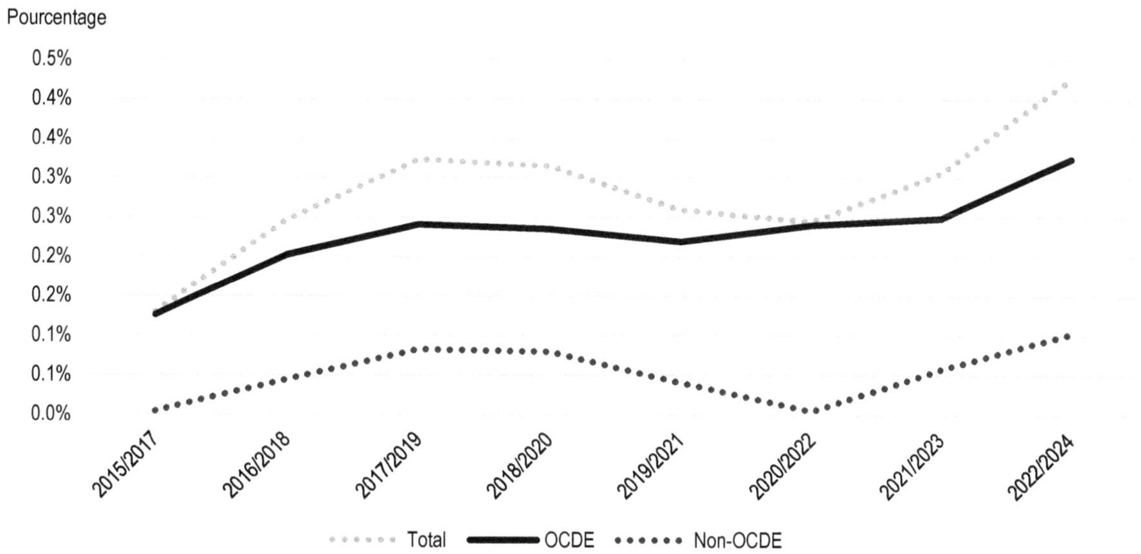

Note : une moyenne sur trois ans est utilisée pour lisser la volatilité causée par les fluctuations aléatoires. Données établies à partir des 58 juridictions figurant dans la base de données CompStats de l'OCDE qui ont fourni des statistiques sur les interdictions ou les contestations de fusion pour la période 2015-2024.
Source : base de données CompStats de l'OCDE.

Cette dynamique relative aux interdictions n'est pas propre à une seule juridiction. Malgré une hausse du nombre de juridictions ayant interdit ou contesté une opération de fusion pendant la décennie écoulée comme le montre le Graphique 2.6 (à gauche), de telles mesures ont surtout été prises par des juridictions de l'OCDE. Au cours de la période considérée, cinq juridictions (États-Unis, Royaume-Uni, Israël, Australie et Mexique) ont été à l'origine de 45 % des fusions interdites ou contestées (voir le Graphique 2.6 à droite). L'année 2024 a enregistré le plus grand nombre d'interdictions, 20 juridictions ayant interdit ou contesté au moins une opération.

Graphique 2.6. Nombre de juridictions ayant interdit ou contesté au moins une fusion par an (à gauche) et principales juridictions ayant interdit ou contesté le plus grand nombre de fusions (à droite), 2015-24

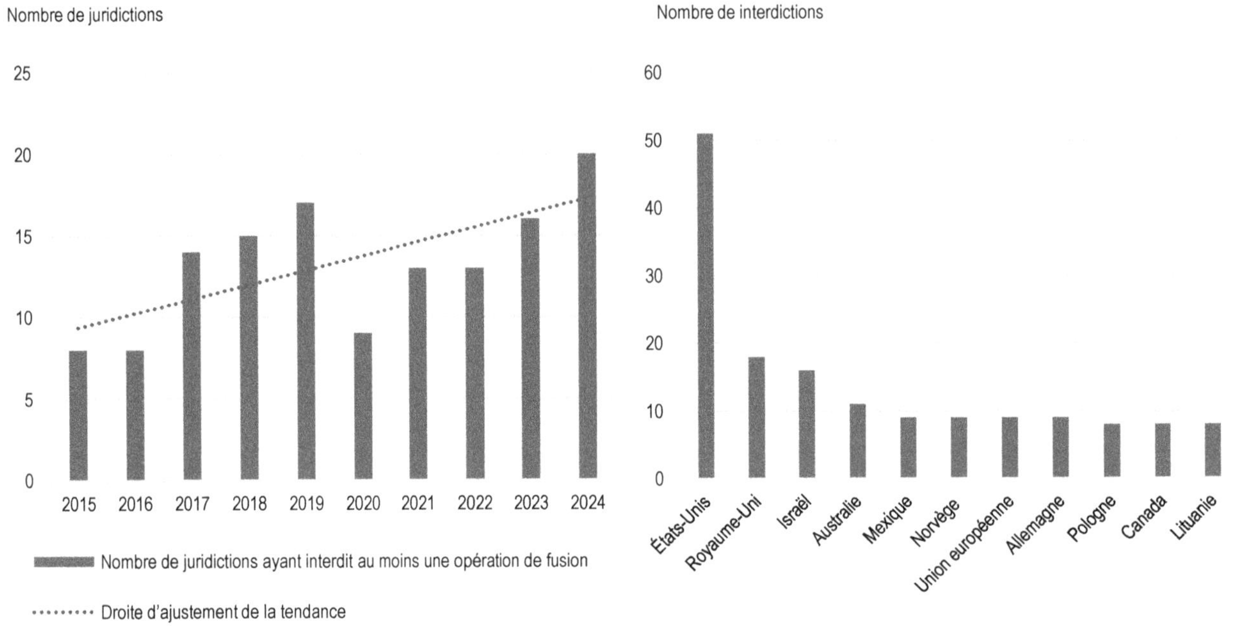

Note : données établies à partir des 58 juridictions figurant dans la base de données CompStats de l'OCDE qui ont fourni des statistiques sur les interdictions ou les contestations de fusion pour la période 2015-2024.
Source : base de données CompStats de l'OCDE.

La hausse du nombre d'opérations contestées ou interdites, malgré une augmentation significative du nombre total de décisions, pourrait suggérer que les autorités de la concurrence continuent de détecter les fusions anticoncurrentielles et d'agir en conséquence. Plusieurs facteurs pourraient contribuer à cette dynamique, notamment une progression des niveaux de concentration dans de nombreux secteurs industriels[6] et l'attention accrue portée aux effets hors-prix des fusions. Le Comité de la concurrence de l'OCDE a analysé bon nombre de ces enjeux au cours de la décennie écoulée. Il s'est notamment penché sur les instruments existants ainsi que sur de nouveaux outils éventuels nécessaires pour examiner minutieusement et efficacement les fusions à risque sur des marchés de plus en plus concentrés, tels que l'utilisation de seuils basés sur la part de marché ou la valeur de la transaction, les pouvoirs de contrôle d'office de certaines opérations et les mécanismes de veille économique (OCDE, 2018[20]).

Par ailleurs, depuis dix ans, les autorités de la concurrence ont porté davantage d'attention aux effets hors-prix des fusions sur les marchés, ce qui a pu entraîner une augmentation du nombre de fusions contestées ou interdites. Les discussions menées au sein de l'OCDE sur la concurrence dynamique et l'innovation, par exemple, illustrent l'importance pour les autorités de la concurrence de saisir tous les effets possibles que les opérations sont susceptibles d'avoir sur la concurrence (voir OCDE (2023[21] ; 2021[22] ; 2018[23])).

Contrairement aux interdictions, la proportion moyenne d'autorisations de fusion sous réserve de mesures correctives affiche une légère tendance à la baisse, comme le montre le Graphique 2.7[7]. Toutefois, l'évolution au niveau des juridictions est contrastée. Dans 23 juridictions de l'échantillon, le pourcentage d'autorisations de fusion assorties de mesures correctives a suivi une tendance à la hausse au cours de la décennie écoulée, tandis que dans 26 autres, elle a diminué. Dans deux juridictions (Colombie et Pologne), elle est restée constante. En outre, près de 70 % des juridictions de l'échantillon ont autorisé chaque année au moins une opération de fusion assortie de mesures correctives, ce qui témoigne de la constance de cette pratique.

Graphique 2.7. Pourcentage de fusions autorisées sous réserve de mesures correctives 2015-24

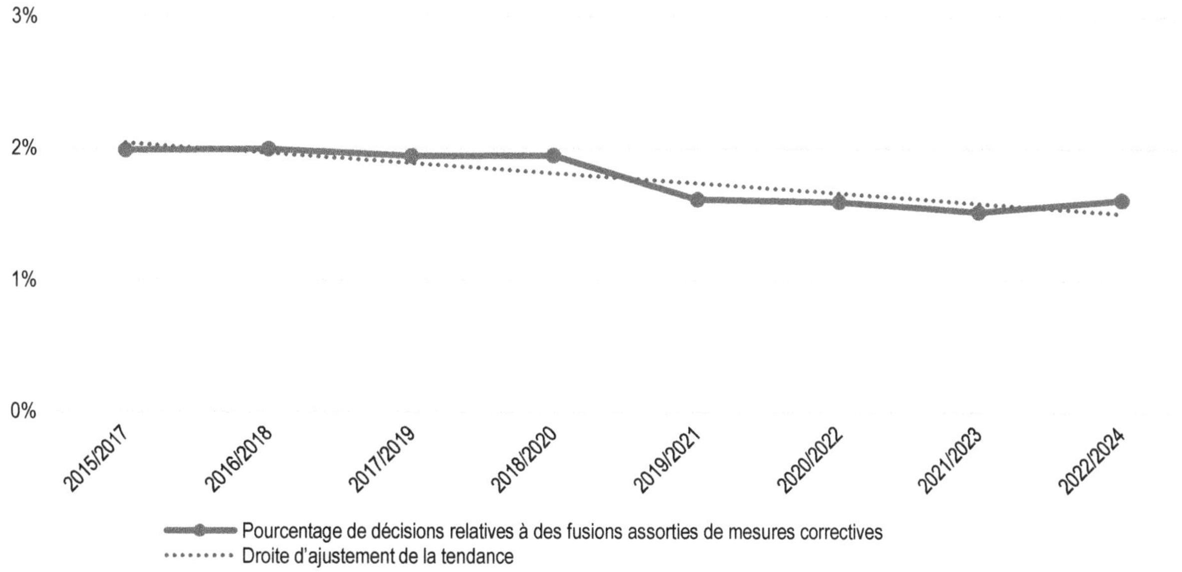

Note : une moyenne sur trois ans est utilisée pour lisser la volatilité causée par les fluctuations aléatoires. Données établies à partir des 59 juridictions figurant dans la base de données CompStats de l'OCDE qui ont fourni des statistiques sur les interdictions ou les contestations de fusion pour la période 2015-2024.
Source : base de données CompStats de l'OCDE.

En outre, le nombre de notifications retirées constitue une variable déterminante qui se répercute indirectement sur l'intervention des autorités de la concurrence. En effet, les parties à une opération de fusion pourrait retirer leur notification lorsqu'elles anticipent une décision d'interdiction. Si ce nombre reste faible, il semble avoir augmenté de manière significative entre 2023 et 2024. Les États-Unis, la France, Israël, le Brésil et l'Allemagne ont été à l'origine de 38 % de toutes les notifications de retrait de fusion au cours de la décennie écoulée. Alors que les raisons de l'augmentation du nombre de notifications retirées sont susceptibles de varier d'une juridiction à l'autre et ne sont pas toujours manifestes pour les autorités, les nouveaux cadres mis en place, tels que le filtrage des investissements directs étrangers (IDE), la réglementation des subventions étrangères et les dispositions nationales en matière de sécurité, pourraient avoir renforcé la surveillance de ces opérations. Une table ronde de l'OCDE organisée en 2022 sur ce thème a permis de constater que ces examens sont souvent complémentaires des contrôles en matière de concurrence et peuvent avoir une incidence sur l'issue finale (OCDE, 2022[24]). Dans le cadre de travaux à entreprendre, il serait intéressant d'étudier dans quelle mesure il existe un lien entre l'instauration de ces cadres, l'intervention des autorités, le retrait des notifications et les notifications de fusion à venir.

Le tableau suivant présente les taux de croissance annuels des variables les plus pertinentes relatives aux fusions, reflétant la dynamique décrite ci-avant.

Tableau 2.1. Taux annuels de croissance des principales variables relatives aux fusions, 2015-24

Fusions (totaux)	2015/16	2016/17	2017/18	2018/19	2019/20	2020/21	2021/22	2022/23	2023/24
Notifications	3 %	4 %	7 %	1 %	-10 %	40 %	-8 %	-19 %	11 %
Décisions	5 %	6 %	5 %	0 %	-10 %	41 %	-9 %	-19 %	10 %
Autorisations	4 %	4 %	9 %	-9 %	-4 %	-15 %	35 %	-23 %	-10 %
Mesures correctives	5 %	6 %	5 %	0 %	-10 %	42 %	-10 %	-19 %	10 %
Interdictions	67 %	20 %	39 %	4 %	-31 %	50 %	19 %	-19 %	38 %
Retraits	59 %	-20 %	27 %	9 %	6 %	-17 %	7 %	148 %	13 %

Note : Données établies à partir des juridictions figurant dans la base de données CompStats de l'OCDE qui ont fourni des statistiques sur chacune des variables pour la période 2015-2024.
Source : base de données CompStats de l'OCDE.

2.3. Fréquence des régimes de contrôle des fusions obligatoires *ex ante* en deux phases dans les juridictions de la base de données CompStats

Au cours des dix dernières années, on a assisté à un certain alignement des caractéristiques des régimes de contrôle des fusions dans les juridictions de la base de données CompStats, comme le montre le Graphique 2.8Graphique 2. Alors que toutes les juridictions de l'OCDE, à l'exception du Luxembourg, disposaient d'un régime de contrôle des fusions avant 2013, certaines juridictions non membres de l'OCDE ont mis en place un tel régime pour la première fois après 2015[8]. En outre, certaines juridictions ont modifié leur législation en apportant des changements importants à la structure de leur régime, passant par exemple d'un système de notification volontaire à un système obligatoire, d'un contrôle a posteriori à un contrôle préalable ou d'une procédure en une seule phase à une procédure en deux phases. D'autres modifications intervenues pendant la décennie écoulée ont porté sur la fixation de délais pour l'examen, l'introduction de procédures simplifiées, la clarification des obligations suspensives ou la mise en place de droits de dépôt (voir le deuxième volume de l'édition 2021 du rapport *Tendances de l'OCDE sur la concurrence* qui contient une analyse détaillée de ces tendances (OCDE, 2021[25])). À l'heure actuelle, les caractéristiques des régimes de contrôle des fusions semblent s'être généralement harmonisées pour aboutir à des systèmes de notification obligatoire préalable comportant deux phases d'examen, comme le montre le Graphique 2.8. L'existence d'une procédure simplifiée pour les opérations qui ne soulèvent vraisemblablement pas de préoccupations sur le plan de la concurrence est également une caractéristique commune des régimes, 63 % des juridictions de l'échantillon disposant d'une telle procédure.

Graphique 2.8. Caractéristiques des régimes de contrôle des fusions, 2024

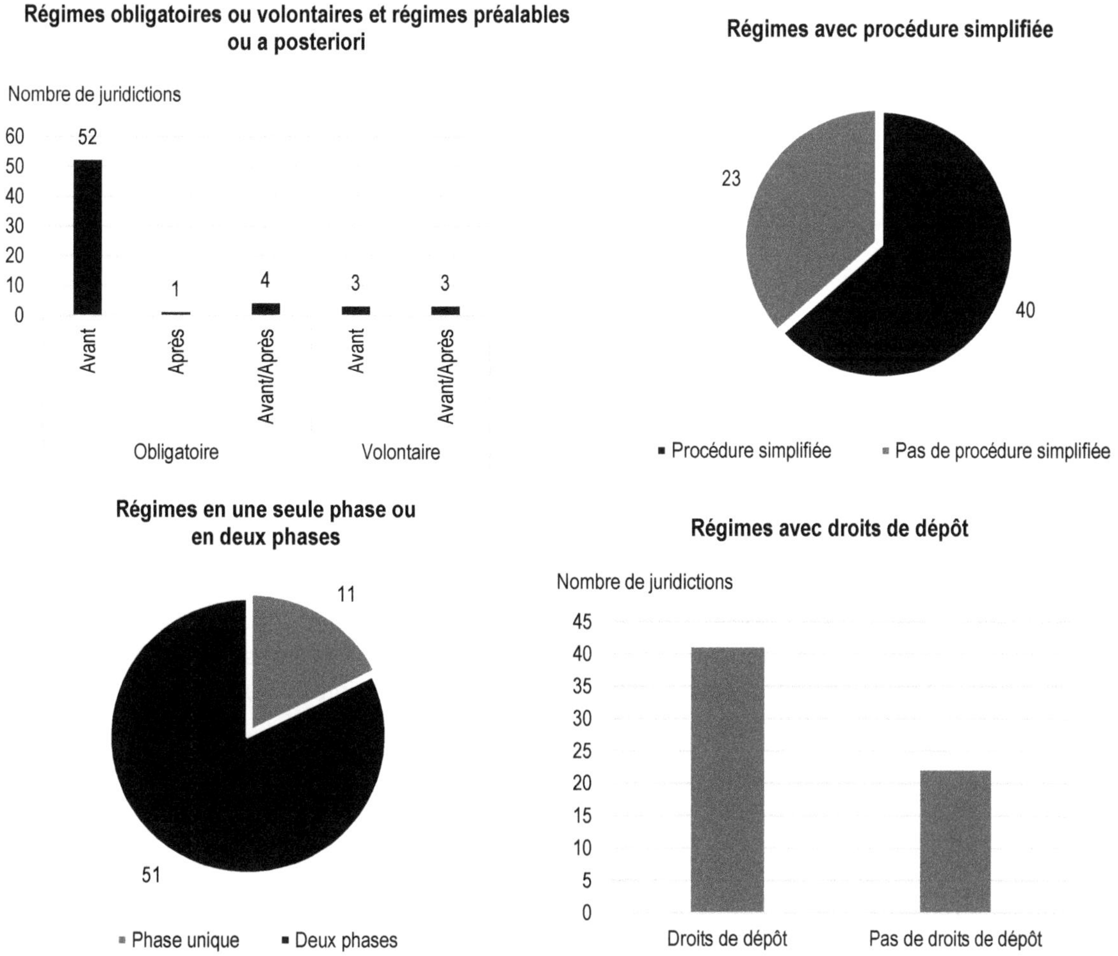

Note : en novembre 2024, l'Australie a adopté une loi instaurant un système de notification obligatoire. Toutefois, étant donné que ce système ne sera en place qu'à partir de 2026 et que le présent rapport couvre la période 2015-2024, le régime de l'Australie est présenté dans les graphiques comme étant volontaire.

Les régimes « avant » désignent ceux qui prévoient des déclarations obligatoires ou volontaires avant la réalisation de l'opération, tandis que les régimes « après » prévoient des déclarations après la réalisation de la fusion. Certaines juridictions intègrent des considérations relatives à la déclaration préalable et a posteriori, en fonction de critères spécifiques.

Source : base de données CompStats de l'OCDE et sites web des autorités figurant dans la base de données CompStats.

La majorité des juridictions ont des seuils basés sur le chiffre d'affaires, souvent complétés par d'autres critères tels que la valeur de l'opération (voir le Graphique 2.9). Au cours de la décennie écoulée, des modifications ont été apportées aux lignes directrices relatives au contrôle des fusions ou des orientations spécifiques au calcul des seuils de notification ont été publiées, précisant les modalités de calcul des valeurs et de détermination de l'obligation de notification des fusions.

Graphique 2.9. Seuils de notification des fusions, 2024

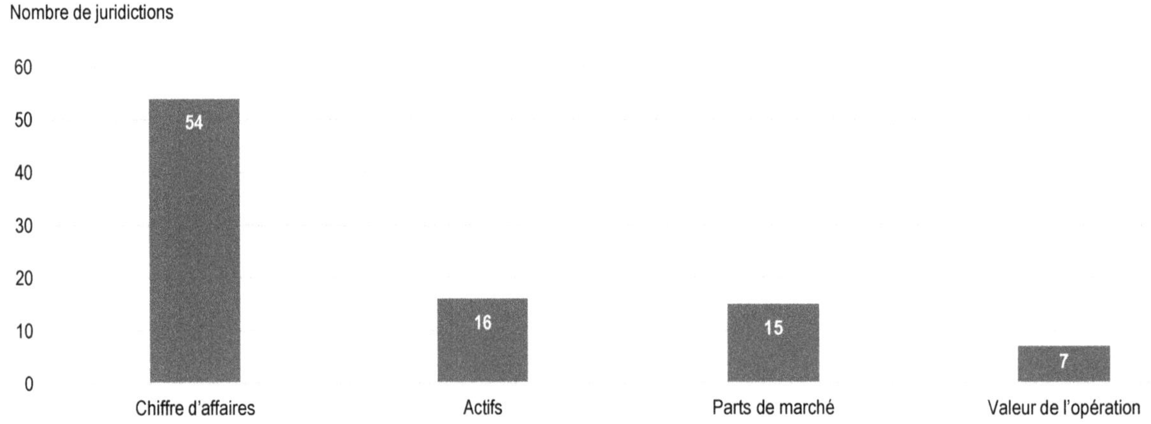

Note : certaines juridictions disposent de plusieurs seuils de notification, en s'appuyant sur plusieurs critères. Ce graphique inclut les régimes avec notification volontaire qui ont défini des critères de compétence juridictionnelle pour déterminer quand une fusion peut faire l'objet d'un contrôle.
Source : base de données CompStats de l'OCDE et sites web des autorités figurant dans la base de données CompStats.

L'harmonisation continue des aspects procéduraux et des caractéristiques des régimes de contrôle des fusions est encore illustrée par la récente révision de la Recommandation du Conseil de l'OCDE sur le contrôle des fusions, en 2025, qui tient compte des pratiques exemplaires internationalement reconnues en matière de contrôle des fusions et d'analyse (voir l'Encadré 2.1).

Encadré 2.1. Recommandation du Conseil de l'OCDE sur le contrôle des fusions

La Recommandation du Conseil de l'OCDE sur le contrôle des fusions [OECD/LEGAL/0333], adoptée par le Conseil en 2005, a été révisée en juin 2025 dans le but de favoriser une plus grande convergence des procédures et analyses de contrôle des fusions vers les pratiques exemplaires internationalement reconnues. Elle reconnaît les principales évolutions, tant sur le fond qu'en termes de procédures, qui ont favorisé une plus grande convergence. Les principaux éléments de cette révision sont les suivants :

- Le renforcement des principes concernant le cadre de contrôle des fusions, les procédures de notification et de contrôle.
- L'ajout de principes visant à garantir le recours à un cadre clairement défini pour faire en sorte que l'examen des fusions soit efficace et transparent.
- L'accent mis sur la fourniture d'orientations claires pour la conception, l'évaluation et l'adoption de mesures correctives dans les affaires de fusion, ainsi que sur la coopération entre juridictions parties à l'examen pour la conception et l'application des mesures correctives dans les fusions transnationales.
- L'invitation à procéder à une évaluation *ex post* des décisions de fusion et des mesures correctives.

Dans le cadre des principes régissant les procédures de contrôle des fusions, la révision reconnaît l'importance de définitions claires des fusions soumises à un contrôle, ainsi que du calcul des seuils de notification des fusions et des critères de compétence juridictionnelle ; l'adoption d'obligations suspensives dans les régimes obligatoires *ex ante* ; et la prise en considération de procédures simplifiées pour les opérations qui ne soulèvent pas de préoccupations sur le plan de la concurrence.

Source : OCDE, Recommandation du Conseil sur le contrôle des fusions, OECD/LEGAL/0333, https://legalinstruments.oecd.org/fr/instruments/OECD-LEGAL-0333.

3 Études de marché

Le présent chapitre passe en revue les études de marché, en présentant des informations agrégées sur le nombre d'études réalisées au cours de la décennie écoulée, ainsi qu'une description des travaux connexes menés par l'OCDE.

3.1. Les études de marché demeurent un outil précieux pour les autorités de la concurrence

Les études de marché constituent un instrument efficace qui permet aux autorités de la concurrence d'évaluer si la concurrence fonctionne efficacement sur un marché et, dans le cas contraire, de formuler des recommandations pour remédier aux problèmes. Elles jouent également un rôle essentiel dans les activités de sensibilisation menées par les autorités de la concurrence, car elles peuvent contenir des messages clés et des recommandations à l'intention des acteurs concernés sur les marchés. Au total, 1 561 études de marché ont été réalisées au cours de la décennie écoulée, le nombre moyen d'études de marché réalisées par an restant relativement constant (trois par an et par juridiction). Il est important de noter que ces chiffres ne tiennent pas compte des différentes définitions que chaque autorité peut donner de ce qui constitue une étude de marché, ni des changements intervenus au fil du temps dans le contenu, la qualité et la profondeur des études.

Comme le montre le Graphique 3.1, le nombre d'études observées dans les juridictions de l'OCDE a connu une forte augmentation entre 2020 et 2022 et, malgré une baisse ces deux dernières années, le nombre d'études de marché réalisées chaque année dans les juridictions de l'OCDE reste supérieur à celui enregistré au début de la décennie. Ainsi, les études demeurent pertinentes pour les autorités de la concurrence, même si leur nombre a diminué dans les juridictions non membres de l'OCDE. Témoignant de leur pertinence, plusieurs travaux de l'OCDE menés pendant la décennie écoulée ont été consacrés aux études de marché. Le Encadré 3.1 présente un aperçu synthétique de ces travaux.

Graphique 3.1. Nombre total d'études de marché réalisées, 2015-24

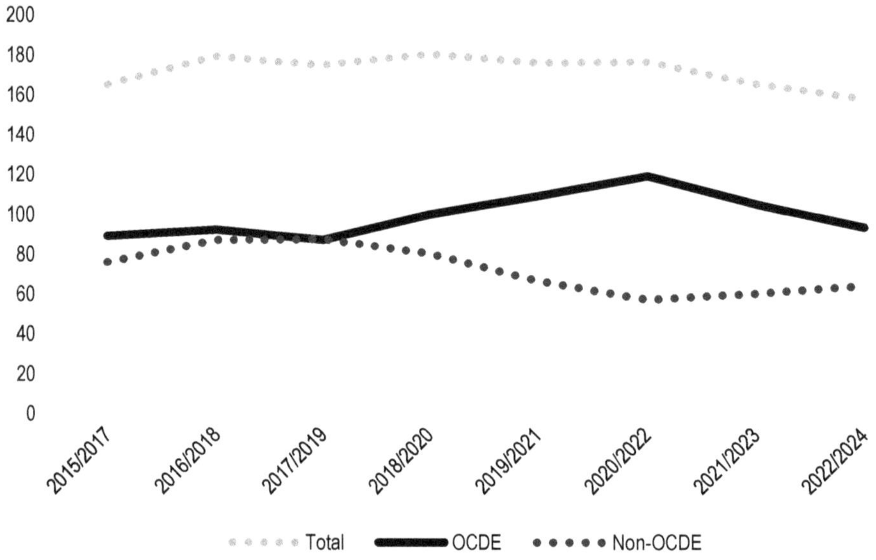

Note : une moyenne sur trois ans est utilisée pour lisser la volatilité causée par les fluctuations aléatoires. Données établies à partir des 60 juridictions figurant dans la base de données CompStats de l'OCDE qui ont fourni des statistiques sur les études de marché pour la période 2015-24.
Source : base de données CompStats de l'OCDE.

Encadré 3.1. Travaux sur les études de marché menés par l'OCDE au cours de la décennie écoulée

Au début de la dernière décennie, les études de marché constituaient l'un des domaines prioritaires du Comité de la concurrence. En 2015, l'OCDE a mené une enquête auprès d'une cinquantaine de pays membres et non membres sur la portée, les pouvoirs juridiques et le cadre institutionnel des études de marché (OCDE, 2015[26]). En 2016, lors du Forum mondial sur la concurrence, les autorités de la concurrence ont examiné les résultats de cette enquête, en mettant l'accent sur le rôle des études de marché en tant qu'instrument de promotion de la concurrence (OCDE, 2016[27]).

Dans le cadre de ses efforts visant à consolider les bonnes pratiques internationales, l'OCDE a examiné en 2017 différentes méthodologies de réalisation d'études de marché, en s'intéressant aux expériences en matière de méthodes de collecte d'informations, de modèles économétriques et de méthodes qualitatives et quantitatives (OCDE, 2017[28]). Ces travaux ont abouti en 2018 à la publication par l'OCDE de son Guide sur les études de marché à l'intention des autorités de la concurrence, qui consolide tous les travaux antérieurs sur le sujet (OCDE, 2018[29]).

En 2020, le Forum mondial sur la concurrence a organisé une table ronde sur l'utilisation d'études de marché pour aborder les problèmes de concurrence émergents, concluant que « *les études de marché peuvent constituer un outil de prévention important parce qu'elles facilitent la détection et le diagnostic de ces nouveaux problèmes de concurrence, en analysant leurs causes et en précisant les options qui existent pour y remédier sous l'angle de la politique de la concurrence, de l'application du droit de la concurrence, de la réglementation ou d'autres domaines de l'action publique* » (OCDE, 2021[30]).

En décembre 2025, le Groupe de travail n° 2 sur la concurrence et la réglementation du Comité de la concurrence organisera une table ronde sur les études de marché et autres outils d'analyse du marché.

Sources : OCDE (2015[26]), Market studies: the results of an OECD Survey, https://one.oecd.org/document/DAF/COMP(2015)7/en/pdf; OCDE (2016[27]), The role of market studies as a tool to promote competition, https://doi.org/10.1787/3aaffccf-en; OECD (2017[28]), Methodologies for Market Studies, https://doi.org/10.1787/8731d5ef-en, OCDE (2018[29]), Market Studies Guide for Competition Authorities, https://doi.org/10.1787/7381b582-en; OCDE (2021[30]), Using market studies to tackle emerging competition issues, https://doi.org/10.1787/3ff6e671-en; OCDE (2025), "Market studies and other market analysis tools for competition authorities", https://www.oecd.org/en/events/2025/12/market-studies-and-other-market-analysis-tools-for-competition-authorities.html.

4 Application du droit de la concurrence

Le présent chapitre fournit un aperçu de l'évolution de l'application du droit de la concurrence dans l'ensemble des juridictions participantes, membres et non membres de l'OCDE. Il décrit les données agrégées collectées sur la période de dix ans considérée dans les différents indicateurs de l'application du droit de la concurrence figurant au sein de la base de données CompStats liés aux mesures d'application prises dans les affaires d'entente et d'abus de position dominante.

L'application du droit de la concurrence est essentielle au maintien de marchés équitables et dynamiques. Elle s'assure que les entreprises se livrent concurrence en fonction de leurs mérites et vise à protéger le bien-être des consommateurs en empêchant les entreprises de s'entendre pour augmenter les prix ou exploiter leur position dominante. Outre l'application du droit de la concurrence, les autorités contribuent à l'ouverture et à la compétitivité des marchés grâce à leur rôle important dans la promotion de lois et de réglementations conçues de manière à favoriser la concurrence. Les autorités mènent souvent des études de marché afin de renforcer sa compréhension de certains secteurs, ce qui peut conduire au lancement d'enquêtes sur l'application du droit de la concurrence ou à des recommandations visant la modification de politiques publiques.

Ce chapitre examine les données recueillies dans le cadre de l'enquête CompStats de l'OCDE sur les activités des autorités de la concurrence en matière d'application du droit de la concurrence, y compris les mesures adoptées contre les ententes et les abus de position dominante.

L'application du droit de la concurrence couvre différents types d'affaires, notamment celles impliquant une pratique unilatérale, que le présent rapport désigne comme des abus de position dominante, et les accords anticoncurrentiels, que le présent rapport désigne comme des ententes. Si les différents types de cas présentent souvent des tendances distinctes qui méritent une analyse séparée, compte tenu des dynamiques similaires observées dans les affaires d'ententes et d'abus de position dominante, ce rapport examine d'abord la trajectoire générale et les facteurs potentiels de l'activité globale d'application du droit avant de comparer les évolutions relatives entre les deux catégories d'affaires.

Comme le montre la Graphique 4.1, des milliers de décisions et d'enquêtes, ainsi que des dizaines de milliards d'euros d'amendes ont été enregistrées au cours de la décennie écoulée.

Graphique 4.1. Principaux indicateurs de l'application du droit de la concurrence, totaux pour 2015-24

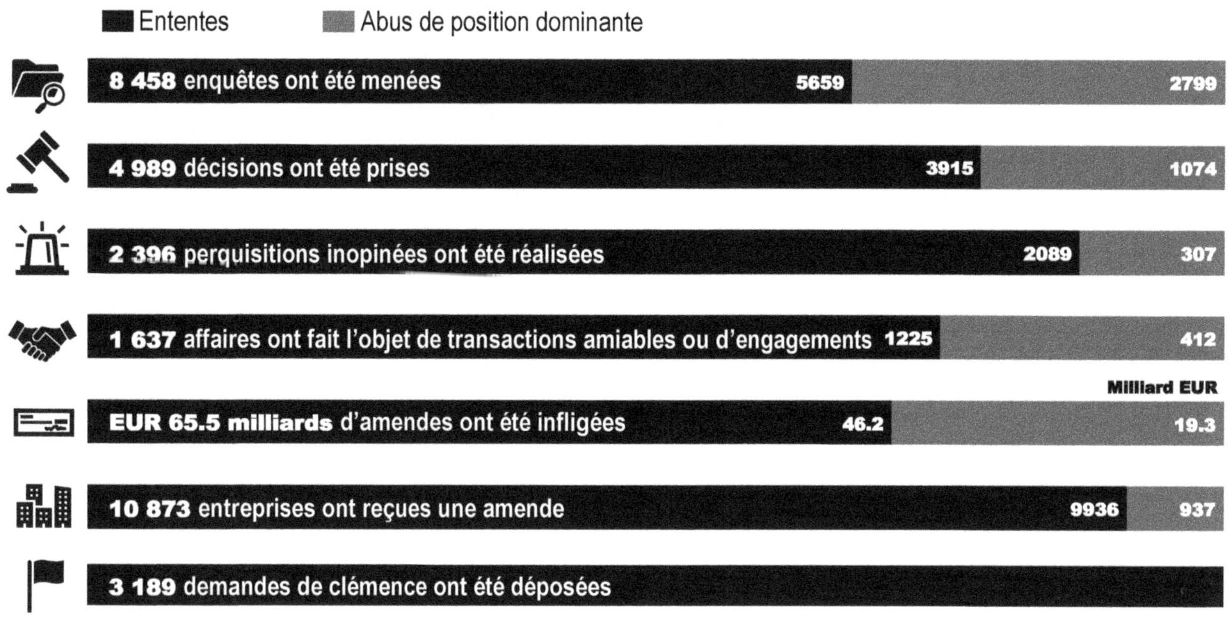

Note : données établies à partir des juridictions figurant dans la base de données CompStats de l'OCDE qui ont fourni des données sur chacune des variables pour la période 2015-2024.
Source : base de données CompStats de l'OCDE.

4.1. À l'échelle mondiale, les activités d'application du droit de la concurrence ont connu une baisse au cours de la décennie écoulée

La tendance générale observée ces dix dernières années est à la baisse pour plusieurs indicateurs clés relatifs aux mesures prises en matière d'application des règles de concurrence. Le nombre d'enquêtes menées sur l'application du droit de la concurrence, par exemple, a atteint son niveau le plus élevé au début de la décennie et a depuis diminué d'environ un tiers, tant dans les affaires d'ententes que dans celles d'abus de position dominante (voir le Graphique 4.2). La situation est similaire concernant les décisions d'application du droit, la période la plus récente de trois ans ayant enregistré le nombre total de décisions le plus faible de la décennie, en baisse d'environ 20 % pour les ententes et de 52 % pour les abus de position dominante par rapport au pic antérieur. Le recul de ces deux variables est constant dans les juridictions membres et non membres de l'OCDE, 60 % d'entre elles affichant une diminution des décisions d'application au cours de cette période, tant pour les ententes que pour les abus de position dominante.

Graphique 4.2. Moyenne mobile sur trois ans du nombre total d'enquêtes (à gauche) et de décisions (à droite) sur l'application du droit dans des affaires d'entente et d'abus de position dominante, 2015-24

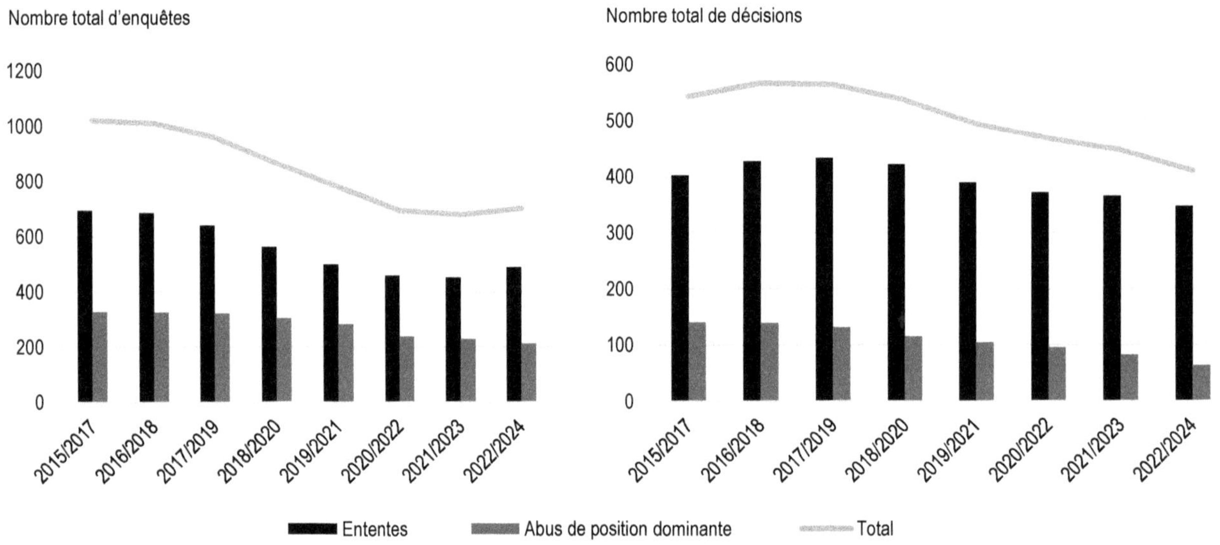

Note : Pour 2023, s'agissant de l'échantillon de juridictions qui ont fourni des précisions sur les sources de leurs enquêtes, le nombre total d'enquêtes correspond à la somme des enquêtes ouvertes à la suite d'une plainte et de celles ouvertes à l'initiative de l'autorité de la concurrence. Une moyenne sur trois ans est utilisée pour lisser la volatilité causée par les fluctuations aléatoires. Données établies à partir des 60 juridictions figurant dans la base de données CompStats de l'OCDE qui ont fourni des statistiques sur des décisions, 59 sur des enquêtes dans des affaires d'abus de position dominante and 52 dans les affaires d'ententes pour la période 2015-2024.
Source : base de données CompStats de l'OCDE.

En comparant les régions, on constate que l'Europe et les Amériques ont toutes deux connu une forte baisse du nombre de décisions d'application entre le début et la fin de la décennie, en particulier dans les affaires d'abus de position dominante. Dans la région Asie-Pacifique, le nombre de décisions relatives aux ententes n'a pas beaucoup évolué, tandis que les décisions dans les affaires d'abus de position dominante ont connu une baisse similaire à celle des autres régions (Graphique 4.3).

L'Europe a connu la diminution relative la plus marquée du nombre d'enquêtes, tant dans les affaires d'ententes que dans celles d'abus de position dominante, avec une tendance à la baisse constante dans toutes les juridictions : 18 des 26 autorités ont signalé un déclin du nombre d'enquêtes sur les ententes, et 25 ont constaté une baisse des affaires d'abus de position dominante. En Asie-Pacifique, les activités d'application du droit ont également nettement diminué. Environ la moitié des juridictions de l'échantillon pour cette région ont lancé moins d'enquêtes sur les ententes (4 sur 8) et les abus de position dominante (4 sur 7) au cours de la période 2022-24 par rapport à 2015-17. En revanche, les Amériques ont suivi une trajectoire différente, avec une augmentation des enquêtes sur les ententes entre les deux périodes. Cette croissance était due principalement à une forte augmentation dans deux juridictions de la région. La tendance n'était pas uniforme à l'échelle des Amériques, puisque plus de la moitié des juridictions ont enregistré une diminution du nombre d'enquêtes sur les ententes (8 sur 14).

Graphique 4.3. Variation en pourcentage entre 2015-17 et 2022-24 du nombre total d'enquêtes (à gauche) et de décisions (à droite) dans les affaires d'ententes et d'abus de position dominante, par région

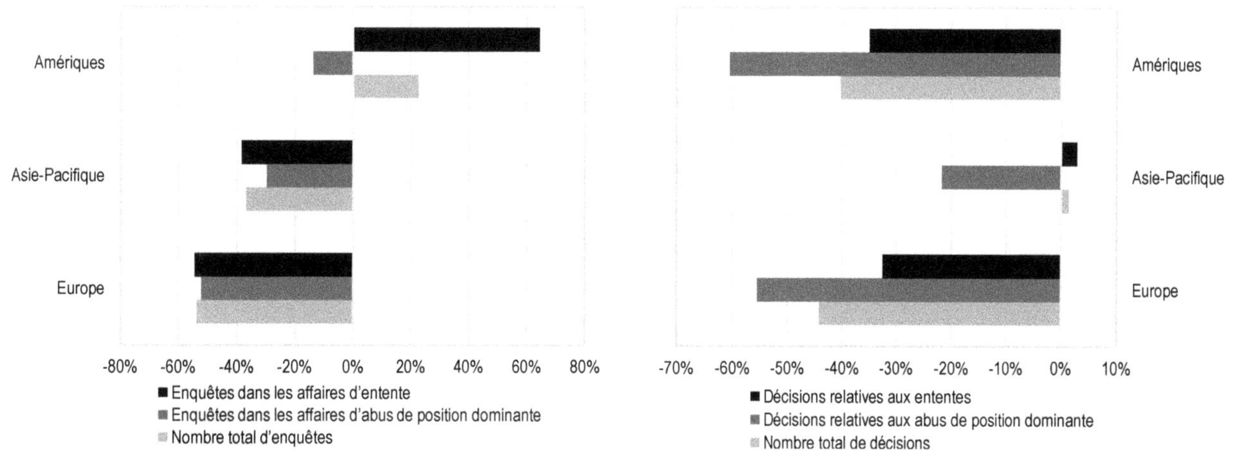

Note : Pour 2023, s'agissant de l'échantillon de juridictions qui ont fourni des précisions sur les sources de leurs enquêtes, le nombre total d'enquêtes correspond à la somme des enquêtes ouvertes à la suite d'une plainte et de celles ouvertes à l'initiative de l'autorité de la concurrence. Les informations provenant de la région MOA ne sont pas présentées, car l'échantillon de juridictions qui ont fourni des données sur les deux variables n'était pas suffisant. Une moyenne sur trois ans est utilisée pour lisser la volatilité causée par les fluctuations aléatoires. Données établies à partir des 53 juridictions figurant dans la base de données CompStats de l'OCDE qui ont fourni des statistiques sur des décisions et des enquêtes dans des affaires d'abus de position dominante et 46 sur des enquêtes dans des affaires d'ententes 2015-2024.
Source : base de données CompStats de l'OCDE.

La tendance générale à la baisse des activités ne semble pas se limiter aux décisions et aux enquêtes, puisque la valeur des amendes infligées dans les affaires d'ententes, le nombre de transactions amiables, les demandes de clémence et les perquisitions inopinées ont également diminué au cours de la décennie (voir le Graphique 4.4). En matière d'abus de position dominante, les amendes et les perquisitions inopinées ont augmenté pendant la période examinée.

Graphique 4.4. Variation en pourcentage entre 2015-17 et 2022-24 du nombre total de perquisitions inopinées, de demandes de clémence, de transactions amiables et d'engagements, et des montants totaux des amendes infligées en EUR (2015)

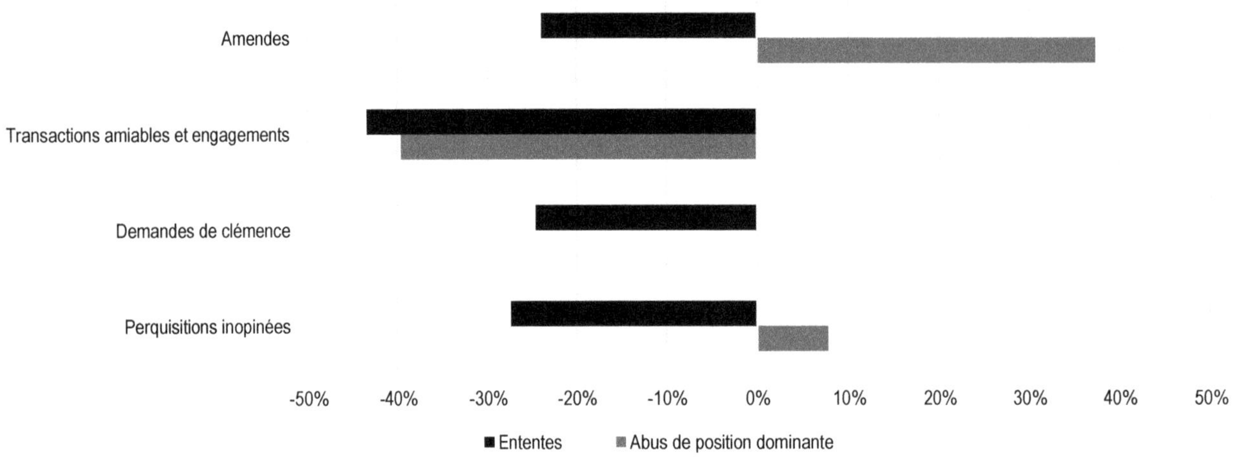

Note : ce graphique ne présente pas les données fournies par les autorités de la concurrence des États-Unis concernant les perquisitions inopinées et les demandes de clémence. Données établies à partir des juridictions figurant dans la base de données CompStats de l'OCDE qui ont fourni des statistiques sur chacune des variables pour la période 2015-2024.
Source : base de données CompStats de l'OCDE.

Ce recul général des activités d'application du droit peut donner lieu à des interprétations différentes et potentiellement contradictoires. Par exemple, il peut indiquer soit une diminution de la fréquence des comportements anticoncurrentiels, soit une moindre détection de ceux-ci[9]. Le reste de la présente section vise à explorer les causes possibles du recul des activités d'application du droit. Parmi les explications possibles de cette baisse des activités, à la lumière des données fournies par la base de données CompStats, on peut citer :

- l'élargissement des priorités au-delà de l'application du droit
- les perturbations liées à la pandémie de COVID-19 et la baisse des demandes de clémence
- la complexité accrue des affaires d'application du droit de la concurrence
- un effet dissuasif accru à la suite d'affaires importantes.

4.1.1. Les autorités ont élargi leurs priorités au-delà de l'application du droit

Comme indiqué dans l'édition 2025 des *Tendances de l'OCDE sur la concurrence* (et comme souligné en outre dans le chapitre suivant consacré aux ressources), les budgets globaux des autorités de la concurrence ont augmenté ces dernières années. Il est donc peu probable que le recul des activités d'application soit dû à des coupes budgétaires. Cependant, pendant la même période, les autorités de la concurrence ont été confrontés à des besoins dans d'autres domaines, notamment en matière de fusions, d'études de marché et de sensibilisation.

Comme le souligne le chapitre 2, les activités de fusion ont atteint leur apogée au cours de la période qui a suivi la pandémie de COVID-19 et le nombre de décisions reste supérieur de plus de 20 % par rapport au début de la décennie. En règle générale, les autorités de la concurrence disposent d'un niveau de ressources fixe qui n'est pas directement lié au niveau d'activités portant sur les fusions-acquisitions dans l'économie. Bien que de nombreuses autorités de la concurrence disposent d'équipes distinctes pour les fusions, il est probable que, dans les périodes d'activités de fusion intenses, elles choisissent de détourner certaines ressources allouées à d'autres activités, telles que l'ouverture de nouvelles enquêtes sur l'application du droit, afin de disposer de ressources suffisantes pour traiter les notifications de fusion, les décisions à ce sujet étant généralement limitées dans le temps et souvent imposées par la législation.

Le maintien de taux d'intervention relativement stables malgré l'augmentation du nombre de notifications soutient cette hypothèse. Il se peut également que les affaires de fusion soient devenues plus complexes. Comme mentionné précédemment, cette période a été marquée par une augmentation des transactions transfrontières ainsi que par l'expérimentation de nouvelles théories des effets anticoncurrentiels.

De même, comme nous le verrons ci-après, les études de marché continuent de constituer un élément important de la panoplie d'outils dont disposent les autorités de la concurrence pour évaluer si la concurrence sur un marché fonctionne correctement ou si des mesures s'imposent. Elles font partie des activités des autorités de la concurrence en matière de sensibilisation, mais peuvent également être utilisées comme activité alternative à l'application du droit, notamment lorsque de nouveaux problèmes touchant à la concurrence apparaissent et que des mesures d'application ne sont pas nécessaires. Comme dans le cas de l'augmentation des activités de fusion, les autorités de la concurrence peuvent choisir de réaffecter une partie de leurs ressources fixes à d'autres activités, y compris aux études de marché. Au cours des dix dernières années, les activités de l'OCDE liées aux études de marché ont augmenté. Toutefois, compte tenu des limites des données disponibles dans l'enquête, qui ne rendent pas pleinement compte de la complexité ou de la profondeur des études, il n'est pas possible d'établir un lien solide entre la pertinence continue de ces études et la dynamique de diminution des activités d'application du droit de la concurrence.

De manière plus générale, il se peut également qu'il y ait eu une demande accrue de mesures de sensibilisation plus vastes. Il est possible que les autorités de la concurrence aient dû réorienter leur travail vers des activités autres que l'application du droit, par exemple en se concentrant davantage sur la mise en œuvre des nouveaux régimes réglementaires dans l'espace numérique et la réalisation d'études de marché complexes. Cette situation pourrait refléter un changement d'approche vers des interventions plus prospectives. Par exemple, la récente note de l'OCDE sur la tarification algorithmique et la concurrence dans les juridictions du G7 (OCDE, 2025[1]) souligne que les autorités de la concurrence ont consacré des ressources importantes à la réalisation d'études de marché, de notes d'information, de consultations publiques et d'autres activités de sensibilisation afin de comprendre la complexité des marchés numériques et les défis et risques qu'ils peuvent engendrer en matière de concurrence.

4.1.2. Répercussions de la pandémie de COVID-19 et baisse des demandes de clémence

Ces dix dernières années, dix autres juridictions de l'échantillon de la base de données CompStats ont introduit des programmes de clémence, l'Irlande étant la dernière en date à le faire en 2023, suivie de Malte et de la République dominicaine en 2021. À l'heure actuelle, 61 des 66 juridictions dans la base de données CompStats ont mis en place un programme de clémence (voir le Graphique 4.5).

Graphique 4.5. Nombre de juridictions disposant d'un programme de clémence selon l'année de mise en place

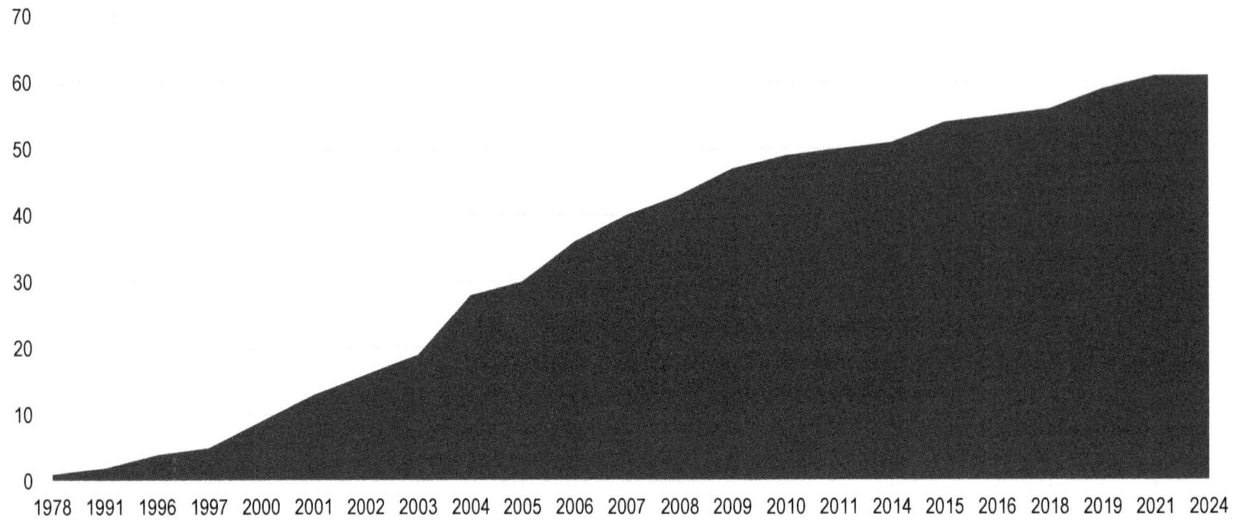

Source : base de données CompStats de l'OCDE.

Alors que de nombreuses autorités de la concurrence s'appuient sur ces programmes comme outil pour lancer des enquêtes contre les ententes, le nombre moyen de demandes de clémence a diminué entre 2015 et 2020, la baisse la plus importante ayant été enregistrée en 2020, lors de la pandémie de COVID-19 (voir le Tableau 4.1). La pandémie a également eu un impact majeur sur les enquêtes, les restrictions ayant empêché les visites sur place (perquisitions inopinées) et pouvant décourager les entreprises de demander la clémence alors que le risque de faire l'objet d'une enquête était moindre. Bien que les tendances en matière d'amendes soient plus irrégulières, une baisse a également été observée entre 2019 et 2020. La plupart des variables ont connu une reprise en 2021.

Tableau 4.1. Taux de croissance annuels des principales variables relatives à l'application du droit de la concurrence, 2015-24

Ententes	**2015/16**	**2016/17**	**2017/18**	**2018/19**	**2019/20**	**2020/21**	**2021/22**	**2022/23**	**2023/24**
Décisions	-5%	-5%	31%	-16%	-17%	16%	-9%	-11%	6%
Enquêtes	14%	-4%	-13%	-3%	-21%	-10%	11%	-4%	20%
Perquisitions inopinées	-2%	13%	2%	4%	-64%	110%	-7%	-13%	-1%
Demandes de clémence	-17%	-10%	5%	-14%	-46%	12%	23%	58%	-20%
Règlements	15%	-8%	-14%	-8%	-33%	42%	-14%	-7%	-19%
Amendes en EUR	39%	3%	-34%	51%	-33%	36%	-39%	-28%	167%
Abus de position dominante									
Décisions	-15%	9%	5%	-28%	-13%	26%	-31%	-35%	12%
Enquêtes	-8%	-1%	7%	-9%	-14%	3%	-37%	39%	-6%
Perquisitions inopinées	38%	3%	-9%	19%	-49%	63%	-6%	38%	-28%
Engagements	-30%	28%	-4%	-30%	-11%	3%	-24%	69%	-41%
Amendes en EUR	-28%	1055%	34%	-62%	-55%	181%	-54%	-41%	568%

Note : Pour 2023, s'agissant de l'échantillon de juridictions qui ont fourni des précisions sur les sources de leurs enquêtes, le nombre total d'enquêtes correspond à la somme des enquêtes ouvertes à la suite d'une plainte et de celles ouvertes à l'initiative de l'autorité de la concurrence. Les montants des sanctions sont ajustés à l'aide des taux de change au 31 décembre 2015 pour chaque juridiction. Ce graphique ne présente pas les données fournies par les autorités de la concurrence des États-Unis concernant les perquisitions inopinées et les demandes de clémence. Données établies à partir des juridictions figurant dans la base de données CompStats de l'OCDE qui ont fourni des statistiques sur chacune des variables pour la période 2015-24.
Source : base de données CompStats de l'OCDE.

Devant la baisse des demandes de clémence, le Comité de la concurrence de l'OCDE a examiné les raisons possibles du recul outre l'interruption liée à la pandémie de COVID-19, ainsi que l'adoption par les autorités de la concurrence de certaines mesures visant à relever les défis posés par une telle situation. L'Encadré 4.1 met en évidence les points clés tirés de cette séance.

Encadré 4.1. L'avenir des programmes de clémence

En 2023, l'OCDE a organisé une table ronde sur l'avenir des programmes de clémence. La note de référence à l'appui de la discussion a fait valoir plusieurs raisons pouvant expliquer la baisse des demandes de clémence. Des approches visant à améliorer la détection en matière d'ententes ont été présentées et sont résumées ci-après.

Facteurs évoqués pouvant expliquer la baisse des demandes de clémence :

- **Baisse naturelle faisant suite à l'adoption des programmes :** après la mise en place d'un programme de clémence, le nombre de demandes augmente généralement à mesure que le programme s'installe, mais peut ensuite commencer à diminuer à mesure qu'il arrive à maturité.
- **Effet de dissuasion** – les demandes de clémence antérieures peuvent avoir un effet dissuasif, rendant les ententes moins fréquentes et réduisant les demandes à l'avenir.
- **Recours excessif aux programmes de clémence :** en raison du succès initial des programmes de clémence, les autorités de la concurrence détournent parfois des ressources de la détection, ce qui peut réduire la motivation d'une entreprise à présenter une demande de clémence.
- **Impact de l'action privée :** le recours accru aux actions privées et l'augmentation des conséquences financières peuvent rendre les entreprises moins disposées à se manifester pour demander la clémence.
- **Risque de sanctions pénales :** bien que les sanctions pénales puissent inciter les individus à encourager les entreprises à demander la clémence, elles peuvent également, à l'inverse, amener les entreprises à se montrer plus vigilantes et à mettre en place des mécanismes plus stricts pour prévenir la détection et les défections.
- **Complexité des ententes :** la complexité croissante des ententes a pu entraîner, avec le temps, une augmentation des coûts de coopération et de l'imprévisibilité pour les entreprises, ce qui affecte leur motivation à demander la clémence.

Le document présente également certaines approches visant à améliorer la détection, notamment en facilitant les plaintes, en utilisant des systèmes de filtrage des ententes, en mobilisation d'autres compétences, et en mettant en œuvre des systèmes de lanceurs d'alerte.

Source : OCDE (2023[31]). The Future of Effective Leniency Programmes: Advancing Detection and Deterrence of Cartels, *Documents des tables rondes de l'OCDE sur la politique de la concurrence*, nº 299, Éditions OCDE, Paris, https://doi.org/10.1787/9bc9dd57-en.

La capacité réduite des autorités de la concurrence à mener des fouilles, ainsi que la baisse des demandes de clémence, ont eu une incidence sur le nombre d'enquêtes ouvertes. Toutefois, il reste difficile d'expliquer pourquoi celles-ci n'ont pas encore retrouvé les niveaux observés avant la pandémie de COVID-19. La forte augmentation des demandes de clémence en 2022-23 pourrait néanmoins indiquer que le nombre d'enquêtes et de décisions pourrait également remonter dans les années à venir. Cependant, en 2024, une baisse a été constatée, avec 20 % de demandes en moins par rapport à 2023.

4.1.3. Une augmentation possible de la complexité des affaires

Il se peut également que l'application du droit de la concurrence soit devenue plus complexe. La dernière décennie a été marquée par des évolutions technologiques rapides, avec la consolidation des plus grandes plateformes technologiques sur plusieurs marchés et l'émergence de l'IA. Ces évolutions ont conduit à un besoin d'investissement des autorités de la concurrence en matière d'expertise technique afin de faire face à cette complexité (voir l'Encadré 5.1 ci-après). En outre, on observe une tendance générale à s'appuyer sur des analyses économiques complexes dans les affaires de concurrence. L'Encadré 4.2 présente les principales conclusions des travaux de l'OCDE au cours de la décennie écoulée qui illustrent cette complexité accrue des affaires d'application du droit de la concurrence.

Encadré 4.2. Recours croissant à des analyses économiques complexes

Table ronde de l'OCDE sur le critère et la charge de la preuve dans les affaires relevant du droit de la concurrence

En 2024, l'OCDE a organisé une table ronde sur le critère et la charge de la preuve dans les affaires relevant du droit de la concurrence (OCDE, 2024[32]). Le document de référence souligne l'exigence de plus en plus impérieuse, dans de nombreux pays, de mener une analyse fondée sur les effets, ce qui a renforcé la nécessité de recourir à l'analyse économique pour établir l'existence d'infractions au droit de la concurrence.

Le document met en évidence que le rôle croissant de l'analyse économique dans les processus décisionnels dans le domaine de la concurrence a permis de rendre les décisions plus précises, mais qu'il a aussi pu ajouter de la complexité, rendant les violations plus difficiles à prouver selon la norme juridique requise. Il examine si le critère d'établissement de la preuve est fixé à un niveau trop élevé et les juridictions ont partagé leurs points de vue sur la nécessité de tenir compte de cet élément dans le cadre des enquêtes à venir.

Tables rondes de l'OCDE sur le rôle de la science économique dans les affaires d'ententes et d'abus de position dominante

La nécessité et la complexité de l'analyse économique ont également été discutées lors de deux sessions du Forum mondial de l'OCDE.

En 2021, le Forum mondial sur la concurrence a organisé une table ronde sur l'analyse économique et les éléments probants dans les affaires d'abus de position dominante. La note d'information souligne que les méthodes et données économiques revêtent une importance grandissante dans le cadre des approches fondées sur les effets de l'instruction des affaires d'abus de position dominante. Elle met en évidence les défis auxquels les autorités de la concurrence sont confrontées dans les pays en développement et à revenue intermédiaire, ainsi que les difficultés pratiques auxquelles se heurtent la collecte des éléments probants et la réalisation des analyses appropriées.

Même dans les affaires d'ententes, dans lesquelles généralement on n'emploie pas une approche fondée sur les effets, il semble exister une demande croissante d'analyses économiques. En 2023, le Forum mondial sur la concurrence a discuté de l'utilisation des données économiques dans les affaires d'ententes. Il a souligné que la complexité croissante de l'analyse économique a eu des conséquences majeures, non seulement dans le cadre d'affaires relevant du droit de la concurrence en général, mais aussi s'agissant des affaires d'ententes. En outre, il a déclaré que le besoin croissant d'analyses économiques est devenu un élément crucial dans les affaires d'ententes.

Sources : OCDE (2024[32]) Le critère et la charge de la preuve dans les affaires relevant du droit de la concurrence, https://doi.org/10.1787/0199f63f-en ; OCDE (2021[33]) Analyse économique et éléments probants dans les affaires d'abus de position dominante, *Documents des tables rondes de l'OCDE sur la politique de la concurrence*, nº 269, Éditions OCDE, Paris, https://doi.org/10.1787/63e6d5f0-en ; OCDE (2023[34]) Use of Economic evidence in cartel cases, https://one.oecd.org/document/DAF/COMP/GF(2023)5/en/pdf

Les effets conjugués de la complexité des marchés et de l'analyse requise risquent d'allonger la durée de chaque affaire et d'augmenter les ressources nécessaires. Il s'agit donc d'une autre explication possible du recul global de l'activité. En outre, il est important de noter que les données concernant le nombre d'affaires ne fournissent aucune indication sur leur durée ni sur leur complexité.

4.1.4. Effet dissuasif accru lié aux affaires majeures du début de la décennie

L'une des explications possibles du recul de l'activité pourrait être l'effet dissuasif exercé par l'imposition d'amendes élevées et des affaires très médiatisées au niveau mondial, qui pourraient avoir découragé les entreprises de participer à des ententes ou d'adopter des comportements anticoncurrentiels unilatéraux. Bien que les données de CompStats ne permettent pas de confirmer cette hypothèse, si cet effet se vérifie, un niveau d'activité plus faible constituerait un signe positif (Davis et Ormosi, 2017[35]). Le groupe de travail n° 2 sur la concurrence et la réglementation du Comité de la concurrence de l'OCDE, a récemment discuté de la mesure de l'effet dissuasif dans le cadre d'une session à portée plus large consacrée à la mesure de l'impact des activités des autorités de la concurrence, mettant en évidence l'importance d'essayer de saisir l'effet de dissuasion des mesures prises par les autorités, mais aussi les défis pratiques que cela implique[10]. Si plusieurs autorités de la concurrence ont mené des études ponctuelles sur l'effet dissuasif des activités d'application du droit, il n'existe à ce jour aucune mesure détaillée et continue permettant de réaliser une analyse de séries chronologiques.

Il ne relève pas du champ de ce rapport de modéliser plus avant l'effet de dissuasion à l'échelle des juridictions de l'OCDE. Il s'agit là d'un domaine qui pourrait faire l'objet de travaux de recherche supplémentaires. Les autorités de la concurrence ont commencé à approfondir l'analyse de l'effet dissuasif dans leurs juridictions. Par exemple, l'Union Européenne (UE) a récemment commandé une étude auprès des praticiens sur les effets dissuasifs de l'application des règles de concurrence de l'UE[11]. Ces travaux pourraient contribuer à déterminer l'impact des activités d'application menées dans le passé sur le plan de la dissuasion et à mieux comprendre la valeur et la dynamique de l'application du droit de la concurrence.

Bien que l'on ne dispose pas d'informations quantitatives détaillées sur l'effet dissuasif, il convient de noter que le début de la période (2016-18) a coïncidé avec des affaires ayant donné lieu à certaines des amendes les plus élevées jamais infligées dans le domaine de l'application du droit de la concurrence, tant pour des ententes que pour des abus de position dominante. Par exemple, en Europe, des amendes record ont été imposées à Google pour abus de position dominante, ainsi qu'aux participants à l'entente entre constructeurs de camions[12]. De même, aux États-Unis, les trois principales infractions à la Sherman Act ayant donné lieu à des amendes et des sanctions pénales ont eu lieu en 2017 (concernant la manipulation des taux de change) (US DOJ, 2023[36]). L'entente sur les pièces automobiles, qui s'étendait sur de multiples juridictions et a donné lieu à des amendes dont le montant total s'élevait à plusieurs milliards de dollars, a également fait l'objet de nombreuses décisions au cours de la même période 2015-18 (Connor, 2019[37]). Compte tenu de ces affaires très médiatisées ayant donné lieu à des amendes importantes, on peut raisonnablement s'interroger sur leur effet dissuasif pendant la décennie écoulée.

4.2. Évolution du rapport entre l'application du droit en matière d'ententes et d'abus de position dominante

La première partie du présent chapitre a porté sur les tendances générales en matière d'activités d'application du droit de la concurrence au cours de la décennie écoulée. Cette section examine l'équilibre entre les affaires d'entente et celles d'abus de position dominante. Elle analyse la manière dont les différentes mesures d'activité varient entre ces deux types d'affaires et dans quelle mesure une évolution semble s'être produite au fil du temps.

4.2.1. Les décisions d'application du droit prises contre les abus de position dominante ont connu la plus forte baisse

Au total, entre 2015 et 2024, près de 5 000 décisions constatant une infraction au droit de la concurrence ont été rendues. Près de 80 % de ces décisions concernaient des affaires mettant en cause plusieurs entreprises ayant conclu un accord anticoncurrentiel, les autres concernant des affaires d'abus de position dominante.

En examinant l'évolution de la répartition entre les différents types d'affaires au fil du temps, on constate qu'au début de la décennie, les décisions relatives aux abus de position dominante étaient relativement plus nombreuses, comme le montre le Graphique 4.6. Au début de la période, les décisions relatives aux abus de position dominante représentaient environ un quart de l'activité globale, contre seulement 15 à 20 % au cours des dernières années. En revanche, le nombre d'enquêtes ne suit pas la même tendance, les enquêtes dans les affaires d'abus de position dominante représentant environ 30 % du total, avec un pic de plus de 36 % en 2019 et 2021.

Graphique 4.6. Décisions et enquêtes dans les affaires d'abus de position dominante en proportion du nombre total d'enquêtes, 2015-24

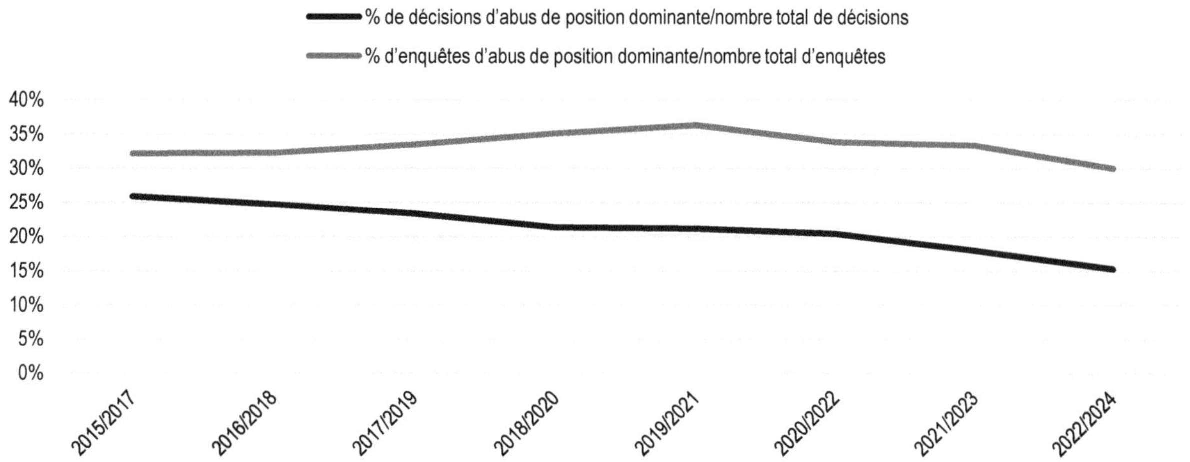

Note : Pour 2023, s'agissant de l'échantillon de juridictions qui ont fourni des précisions sur les sources de leurs enquêtes, le nombre total d'enquêtes dans les affaires d'abus de position dominante correspond à la somme des enquêtes ouvertes à la suite d'une plainte et de celles ouvertes à l'initiative de l'autorité de la concurrence. Une moyenne sur trois ans est utilisée pour lisser la volatilité causée par les fluctuations aléatoires. Données établies à partir des 60 et 59 juridictions figurant dans la base de données CompStats de l'OCDE qui ont fourni des statistiques sur des décisions et enquêtes dans les affaires d'abus de position dominante respectivement pour la période 2015-2024.
Source : base de données CompStats de l'OCDE.

Les facteurs ayant conduit à la diminution relative du nombre de décisions dans les affaires d'abus de position dominante au fil du temps ne sont pas clairement établis, d'autant plus que la proportion d'enquêtes n'a pas suivi la même tendance. Une explication possible est que les affaires d'ententes, en tant qu'infractions *par objet/en soi*, sont moins affectées par la complexité croissante des enquêtes[13]. À l'inverse, les évolutions qui ont conduit à des approches plus complexes et souvent novatrices de l'analyse des affaires d'abus de position dominante (comme expliqué dans Encadré 4.2) exigent potentiellement davantage de ressources que les affaires qui suivent des schémas similaires à ceux des activités d'application antérieures. Par conséquent, si la répartition des ressources est restée similaire entre les équipes chargées d'enquêter sur les ententes et celles chargées d'enquêter sur les abus de position dominante, il est logique d'observer une baisse du nombre de décisions concernant les abus de position dominante.

Concernant les amendes, compte tenu du nombre plus élevé de décisions relatives aux ententes observées pendant la décennie écoulée, le montant total des amendes infligées pour des infractions dans des affaires d'ententes s'élève à plus de 54 milliards EUR, contre 24 milliards EUR pour les infractions relatives aux abus de position dominante[14]. Sur l'ensemble de la période, la valeur globale des amendes a fortement diminué, conformément à la baisse du nombre de décisions, en particulier au cours des cinq dernières années, comme l'illustre le Graphique 4.7.

Graphique 4.7. Montant total des amendes en EUR (2015) infligées dans les affaires d'entente et d'abus de position dominante entre 2015 et 2024

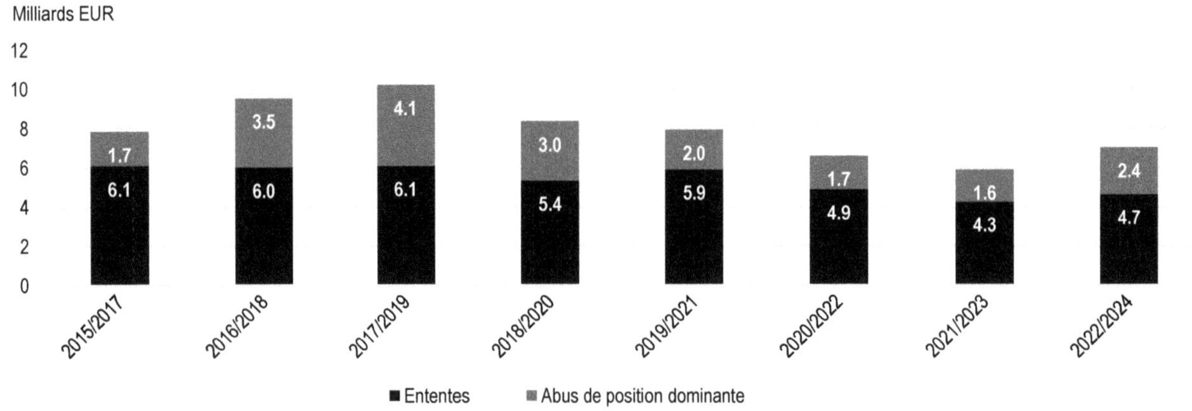

Note : les montants des sanctions sont ajustés à l'aide des taux de change au 31 décembre 2015 par juridiction. Une moyenne sur trois ans est utilisée pour lisser la volatilité causée par les fluctuations aléatoires. Données établies à partir des 61 et 59 juridictions figurant dans la base de données CompStats de l'OCDE qui ont fourni des statistiques sur le montant total des amendes infligées dans les affaires d'entente et d'abus de position dominante respectivement pour la période 2015-2024.
Source : base de données CompStats de l'OCDE.

4.2.2. Les juridictions sont de plus en plus enclines à conclure des transactions amiables ou à accepter des engagements dans les affaires d'abus de position dominante, par rapport aux affaires d'ententes

Le recours aux transactions amiables et aux engagements par les autorités de la concurrence lors d'enquêtes sur des comportements anticoncurrentiels peut permettre de conclure celles-ci plus rapidement et de parvenir à un règlement de l'affaire avec une charge administrative moindre. Les transactions amiables impliquent généralement une reconnaissance de culpabilité en échange d'une amende réduite et sont principalement utilisées dans les affaires d'ententes[15], tandis que les engagements n'exigent pas nécessairement une reconnaissance de culpabilité, mais peuvent constituer un accord contraignant visant à modifier certains comportements. Ceux-ci sont principalement utilisés dans les affaires ne concernant pas des ententes, notamment les accords verticaux et les pratiques unilatérales.

Comme le montre le Graphique 4.8, conformément au recul global des activités d'application au cours de la décennie écoulée, le nombre de transactions amiables et d'engagements acceptés a diminué, notamment dans les affaires d'ententes.

Graphique 4.8. Nombre et proportion d'affaires qui se sont soldées par une transaction amiable, une négociation de peine, un engagement ou d'autres types de procédures négociées, 2015-24

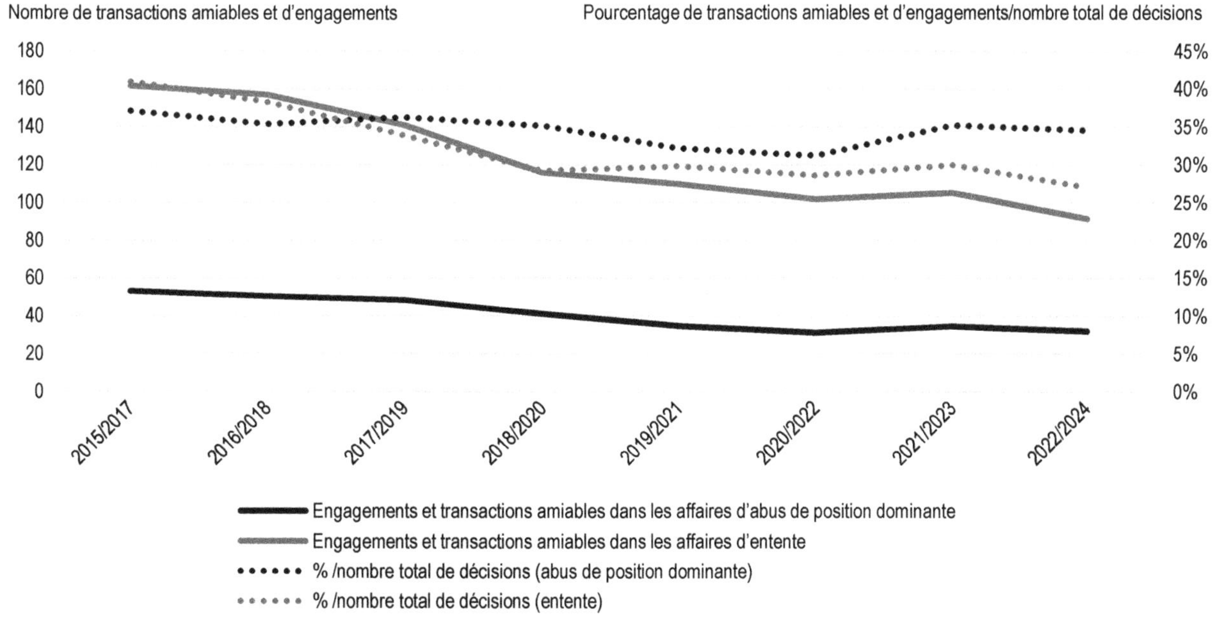

Note : une moyenne sur trois ans est utilisée pour lisser la volatilité causée par les fluctuations aléatoires. Données établies à partir des 46 et 52 juridictions figurant dans la base de données CompStats de l'OCDE qui ont fourni des statistiques sur des affaires qui se sont soldées par une transaction amiable, une négociation de peine, un engagement ou d'autres types de procédures négociées dans les affaires d'entente et d'abus de position dominante respectivement pour la période 2015-2024.
Source : base de données CompStats de l'OCDE.

En comparant l'évolution par rapport au nombre total de décisions, on constate qu'au début de la période, les transactions amiables et engagements dans les affaires d'ententes représentaient une proportion plus importante des décisions. Cette tendance s'est inversée ces dernières années, les affaires d'abus de position dominante enregistrant une part plus élevée d'engagements acceptés.

Reconnaissant l'importance croissante des mesures correctives et des engagements dans les affaires d'abus de position dominante, le Forum mondial sur la concurrence de l'OCDE qui s'est tenu en 2022 a examiné cette question (OCDE, 2022[38]). Les discussions ont mis en évidence que les mesures correctives sont un élément crucial de l'application du droit et que, à mesure que les marchés deviennent plus complexes et dynamiques, les autorités sont confrontées à la difficulté de veiller à ce que les mesures correctives soient suffisantes mais aussi proportionnées par rapport au problème identifié. En outre, elles ont également souligné l'importance pour les autorités de la concurrence de disposer des pouvoirs, ressources et compétences nécessaires pour concevoir et superviser un suivi efficace et, lorsque cela est possible, évaluer l'efficacité des mesures correctives imposées.

5 Ressources et cadre institutionnel

Le présent chapitre expose les principales tendances concernant les ressources dont disposent les autorités de la concurrence et examine l'évolution de leur cadre institutionnel. Il donne quelques éléments du raisonnement qui sous-tend les changements intervenus dans la structure des autorités de la concurrence au cours de la décennie écoulée.

L'édition 2025 du rapport *Tendances de l'OCDE sur la concurrence* comporte un chapitre spécial consacré à l'évolution des ressources dont disposent les autorités de la concurrence, qui explore les raisons possibles de la hausse tendancielle générale des budgets et effectifs moyens affectés à la concurrence. Il a constaté une dynamique générale d'augmentation des budgets et effectifs moyens à disposition des autorités de la concurrence entre 2015 et 2023. Il a examiné en quoi l'évolution récente de la politique de la concurrence a pu entraîner un besoin accru de ressources, en quoi le mouvement général masque une disparité entre les différentes autorités de la concurrence dans l'évolution des ressources et en quoi, pour les juridictions mises en place plus récemment, une augmentation des ressources pourrait simplement résulter d'un renforcement initial des capacités.

Le présent chapitre présentera les tendances générales concernant les ressources à la disposition des autorités de la concurrence tout en limitant les doublons avec l'édition précédente, et examinera les principales évolutions des cadres institutionnels observées au cours de la période de 10 ans allant de 2015 à 2024.

Graphique 5.1. Principaux indicateurs des ressources, totaux pour 2015-24

EUR 1.19 milliards

budget annuel moyen consacré à l'application du droit de concurrence au cours de la dernière décennie

8 325

nombre moyen d'employés travaillant chaque année dans le domaine de la concurrence

Note : Données établies à partir des juridictions figurant dans la base de données CompStats de l'OCDE qui ont fourni des statistiques sur chacune des variables pour la période 2015-24.
Source : base de données CompStats de l'OCDE.

5.1. Dans l'ensemble, les ressources ont augmenté ces dix dernières années

Comme indiqué dans le Graphique 5.2, entre 2015 et 2017, les autorités figurant dans la base de données CompStats ont affecté en moyenne 123 employés à des activités liées à la concurrence. Au cours des trois dernières années (2022-24), ce nombre est passé à 145. La même tendance s'observe tant dans les juridictions membres de l'OCDE que dans celles non membres de l'OCDE, avec une augmentation globale de 17.8 % (ce pourcentage est plus élevé dans les juridictions membres de l'OCDE, même si les autorités dans ces juridictions disposent d'un effectif plus important dédié à la concurrence). Au niveau des juridictions, le tableau est contrasté. Si le nombre d'employés travaillant dans le domaine de la concurrence ont augmenté dans 46 juridictions pendant la décennie écoulée et sont restés stables dans 2 juridictions, ils ont diminué dans 17 juridictions au cours de la même période.

Graphique 5.2. Nombre moyen d'employés travaillant dans le domaine de la concurrence par juridiction – moyennes sur trois ans pour les juridictions membres et non membres de l'OCDE

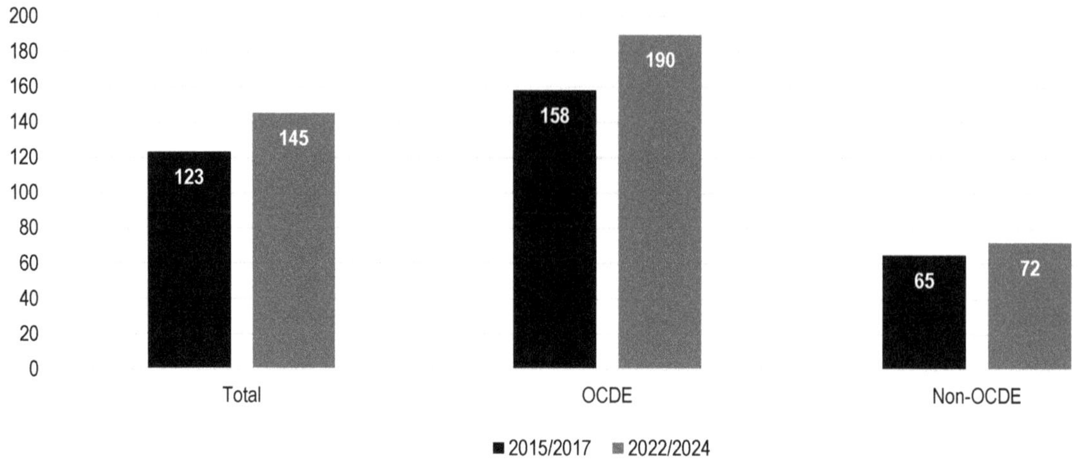

Note : données établies à partir des 63 juridictions figurant dans la base de données CompStats de l'OCDE qui ont fourni des statistiques sur les effectifs affectés à la concurrence pour la période 2015-2024.
Source : base de données CompStats de l'OCDE.

Par ailleurs, les budgets en termes nominaux et réels ont augmenté au cours des dix dernières années, seules 5 % et 7 % des juridictions de l'échantillon ayant connu une baisse de leurs budgets nominaux et réels, respectivement, pendant la décennie écoulée. Comme indiqué ci-avant, les raisons possibles de la hausse tendancielle générale des ressources ont été examinées en détail dans l'édition 2025 du rapport *Tendances de l'OCDE sur la concurrence*. Le Graphique 5.3 présente les budgets moyens réels consacrés à la concurrence pour les périodes 2015-17 et 2022-24, qui ont révélé une dynamique agrégée à la hausse.

Graphique 5.3. Budgets moyens réels des autorités de la concurrence en EUR (2015) pour les périodes 2015-17 et 2022-24 dans les juridictions membres et non membres de l'OCDE

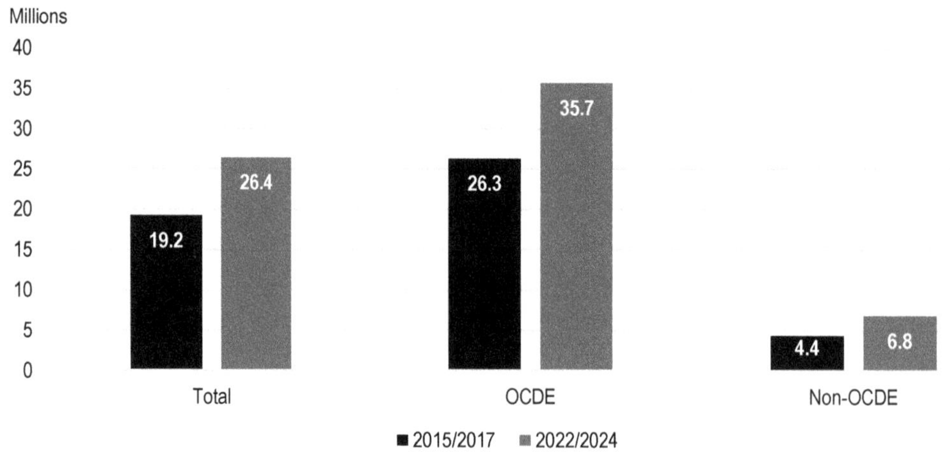

Note : les budgets sont ajustés à l'aide des taux de change au 31 décembre 2015 et des taux d'inflation par juridiction Données établies à partir des 56 juridictions figurant dans la base de données CompStats de l'OCDE qui ont fourni des statistiques sur les budgets des autorités de la concurrence pour la période 2015-2024.
Source : base de données CompStats de l'OCDE et Banque mondiale.

5.2. La structure des autorités de la concurrence évolue pour faire face à de nouveaux défis et responsabilités

Au cours de la décennie 2015-24, plusieurs autorités de la concurrence ont été créées, sont devenues indépendantes ou ont été consolidées, tandis que d'autres ont subi d'importants changements institutionnels afin de s'adapter à des pouvoirs et des fonctions élargis ou à des modifications majeures de leur régime. Un examen des mandats des autorités de la concurrence révèle que la moitié d'entre elles se consacrent exclusivement à l'application du droit de la concurrence, tandis que l'autre moitié assume au moins une autre responsabilité. La protection des consommateurs est la plus courante, suivie de la réglementation sectorielle. Certaines autorités disposaient de multiples pouvoirs dès leur création, tandis que d'autres les ont acquis au fil du temps (voir le Graphique 5.4).

Graphique 5.4. Proportion des autorités qui exercent d'autres responsabilités (à gauche) et lesquelles (à droite)

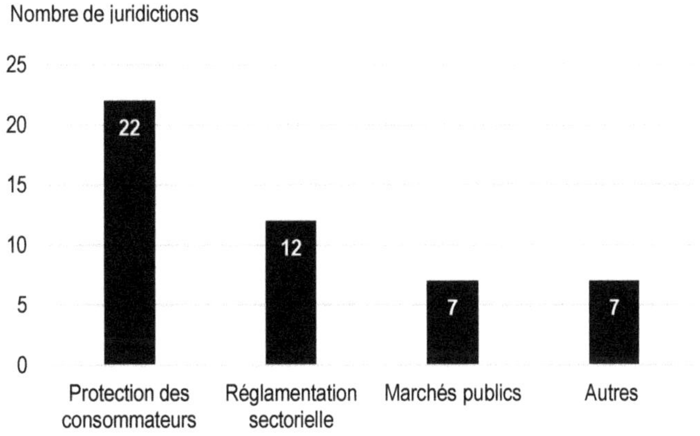

Source : base de données CompStats de l'OCDE et sites web des autorités de la concurrence.

Bien qu'il puisse être difficile de distinguer les effectifs affectés exclusivement aux fonctions liées à la concurrence de ceux affectés à d'autres tâches de l'autorité, en raison de chevauchements potentiels ou de la présence de rôles transversaux soutenant plusieurs domaines, les autorités de la concurrence ont indiqué qu'en moyenne, entre 45 % et 48 % du total de leurs effectifs travaillent sur des activités liées à la concurrence[16]. Cette proportion est restée relativement constante pendant la décennie écoulée.

La numérisation a également entraîné des changements importants dans le cadre institutionnel et l'organisation interne des autorités afin de relever de nouveaux défis et d'assumer de nouvelles responsabilités. L'Encadré 5.1 met en évidence certains d'entre eux.

Encadré 5.1. Exemples de modifications apportées à la structure des autorités en réponse à la numérisation

La note de référence de l'OCDE de 2023 intitulée « Conception, organisation et pouvoirs optimaux des autorités de la concurrence » décrit un ensemble de compétences de plus en plus demandées par les autorités de la concurrence. Parmi celles-ci, les compétences dans le domaine des données et de la technologie semblent avoir nécessité des modifications des structures des autorités de la concurrence dans plusieurs juridictions. La note présente différentes solutions possibles utilisées par les autorités pour acquérir ces compétences, notamment le recrutement d'employés supplémentaires[1], la formation du personnel existant (en interne ou par le biais d'échanges) et le recours aux services d'experts externes et à la coopération internationale. Certaines de ces possibilités ont un impact plus important que d'autres sur les structures au sein des autorités de la concurrence, car l'intégration de ces nouvelles compétences dépend des structures organisationnelles initiales.

Par exemple, les autorités de la concurrence en Australie, en Corée, à Singapour et aux États-Unis ont mis au point des programmes visant à former leur personnel (économistes et juristes) à la science des données et à l'IA, notamment par le biais de formations spécifiques sur des thèmes tels que les preuves numériques, la technologie des chaînes de blocs, l'apprentissage automatique et la cybersécurité. Ces formations n'impliquent pas nécessairement une mutation de la structure organisationnelle des autorités, mais elles permettent d'améliorer leur capacité globale à traiter les problèmes liés à la numérisation.

De nombreuses autorités ont choisi de centraliser les compétences numériques en créant des unités distinctes pour les données. La note de référence souligne qu'en 2023, au moins la moitié des autorités de la concurrence de l'OCDE avaient nommé un directeur des données et environ 40 % avaient créé des unités spécialisées.

Voici quelques exemples :

- Les directions des plateformes numériques et des données et du renseignement de la Commission australienne de la concurrence et de la consommation.
- La direction générale de l'application numérique de la loi et du renseignement du Bureau de la concurrence Canada.
- Le service de l'économie numérique de l'Autorité française de la concurrence.
- Les unités des marchés numériques et du renseignement sur les marchés de l'Autorité mexicaine de la concurrence.
- L'unité de renseignement économique de la Commission nationale des marchés et de la concurrence espagnole.
- L'unité DaTA (Données, technologie et analyses) spécialisée de l'Autorité britannique de la concurrence et des marchés (CMA) au Royaume-Uni.

[1] principalement des scientifiques spécialisés dans les données et des experts en informatique.
Source : OCDE (2023[39]), Conception, organisation et pouvoirs optimaux des autorités de la concurrence, https://doi.org/10.1787/dea26a24-en (en anglais) et OCDE (2025[1]) Tarification algorithmique et concurrence dans les juridictions du G7 : tendances émergentes et réponses, Éditions OCDE, Paris, https://doi.org/10.1787/f36dacf8-en (en anglais).

À la suite de ces changements, l'OCDE a organisé une série de discussions et publications sur la structure des autorités de la concurrence, s'attachant à comprendre leurs besoins, leurs pouvoirs et leurs différences en matière d'organisation interne, ainsi qu'à recueillir des avis sur leur conception optimale. Il s'agit notamment des débats suivants :

- Conception, organisation et pouvoirs optimaux des autorités de la concurrence (OCDE, 2023[39])
- Organismes de réglementation sectoriels indépendants (OCDE, 2019[40])
- Indépendance des autorités de la concurrence – des intentions aux pratiques (OCDE, 2016[41])
- Conception institutionnelle des autorités de la concurrence (OCDE, 2014[42]).

Dans l'ensemble, ces travaux visent à expliquer pourquoi les ressources allouées aux autorités de la concurrence ont augmenté au cours des dix dernières années, notamment en lien avec l'augmentation observée des responsabilités et de la complexité des affaires.

Annexe A. Infographies régionales

Graphique A A.1. Amériques

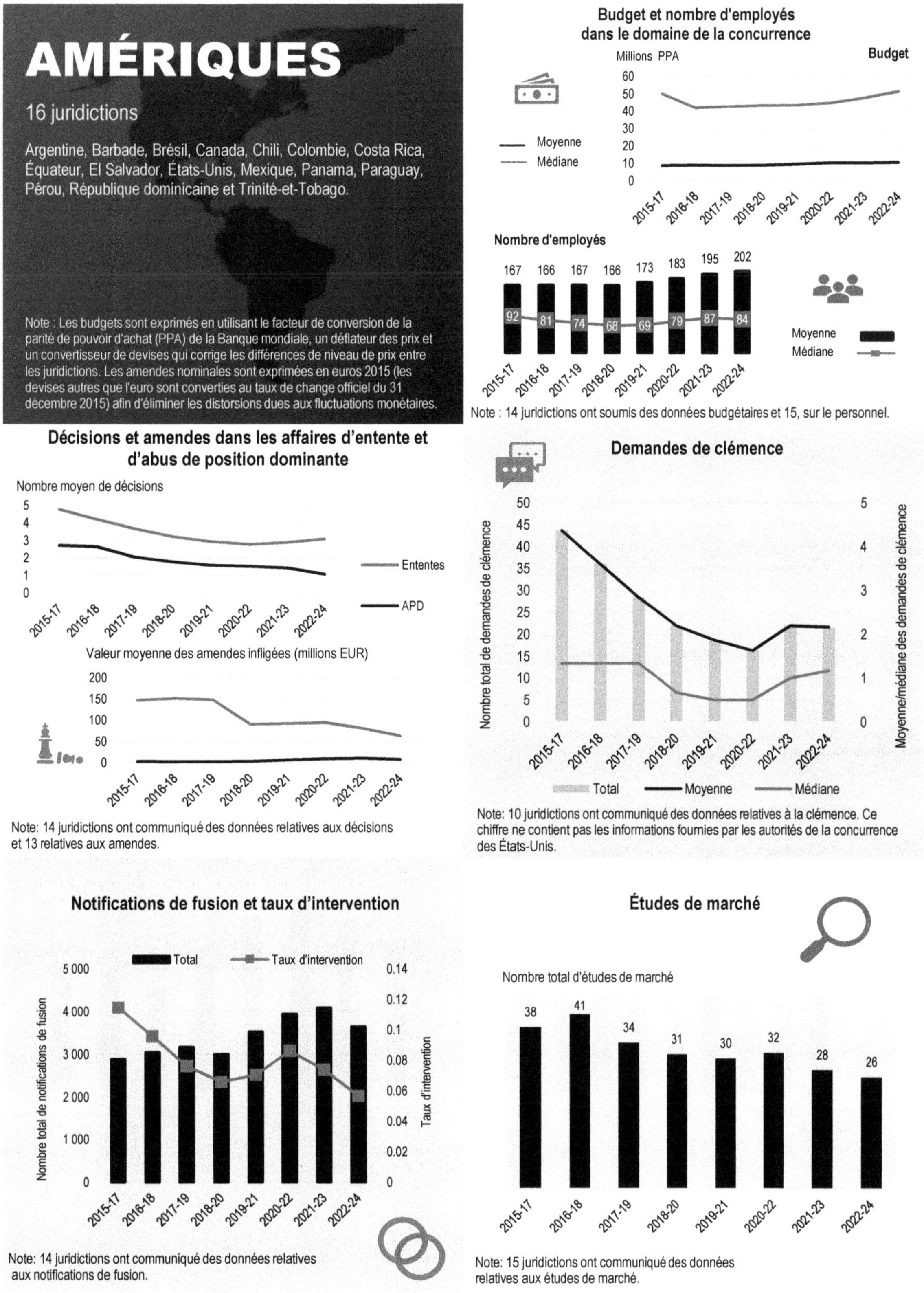

Graphique A A.2. Asie-Pacifique

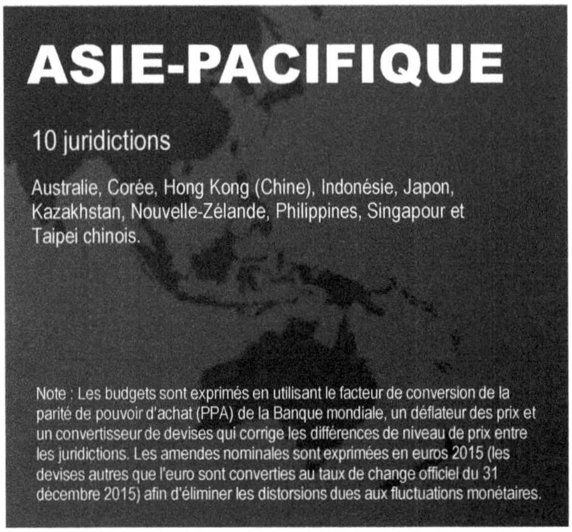

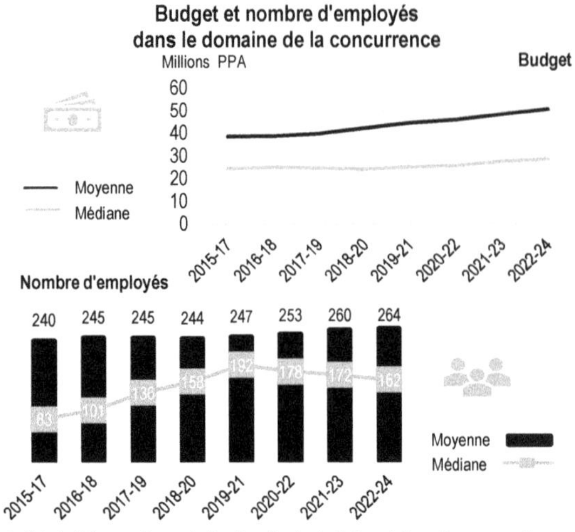

Note: 8 juridictions ont soumis des données budgétaires et 9, sur le personnel.

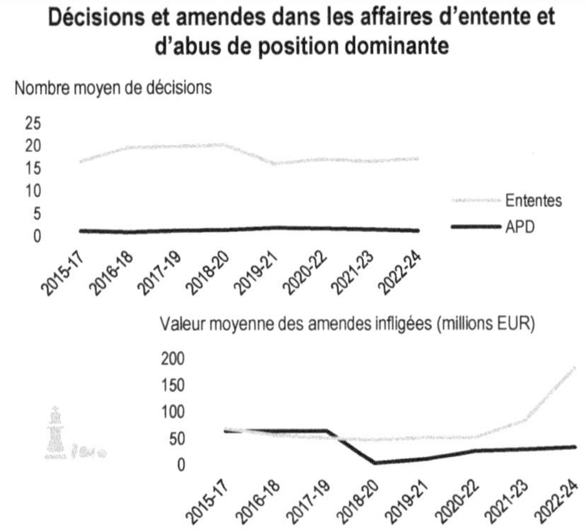

Note: 7 juridictions ont communiqué des données relatives aux décisions et 8 relatives aux amendes.

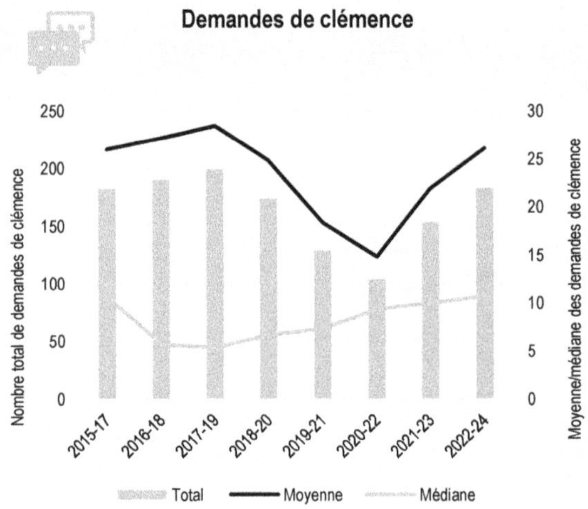

Note: 7 juridictions ont communiqué des données relatives à la clémence.

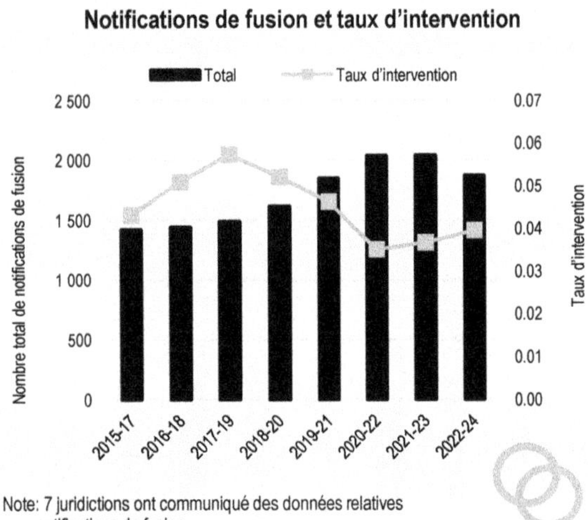

Note: 7 juridictions ont communiqué des données relatives aux notifications de fusion.

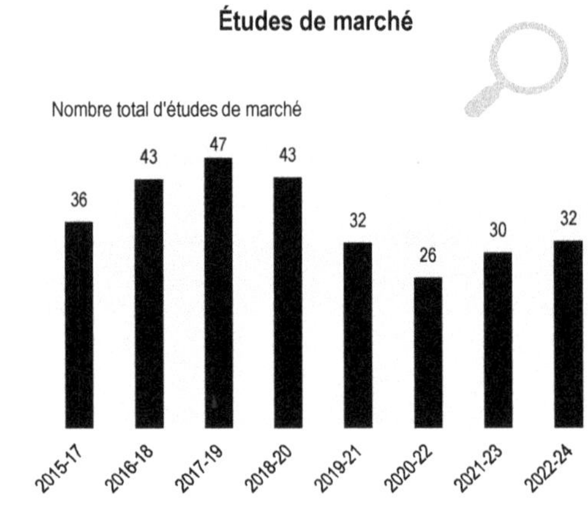

Note: 7 juridictions ont communiqué des données relatives aux études de marché.

Graphique A A.3. Europe

EUROPE

33 juridictions

Albanie, Allemagne, Autriche, Belgique, Bulgarie, Commission européenne, Croatie, Danemark, Espagne, Estonie, Finlande, France, Grèce, Hongrie, Irlande, Islande, Italie, Lettonie, Lituanie, Luxembourg, Malte, Norvège, Pays-Bas, Pologne, Portugal, Roumanie, Royaume-Uni, République slovaque, République tchèque, Slovénie, Suisse, Suède, et Ukraine.

Note : Les budgets sont exprimés en utilisant le facteur de conversion de la parité de pouvoir d'achat (PPA) de la Banque mondiale, un déflateur des prix et un convertisseur de devises qui corrige les différences de niveau de prix entre les juridictions. Les amendes nominales sont exprimées en euros 2015 (les devises autres que l'euro sont converties au taux de change officiel du 31 décembre 2015) afin d'éliminer les distorsions dues aux fluctuations monétaires.

Budget and competition staff

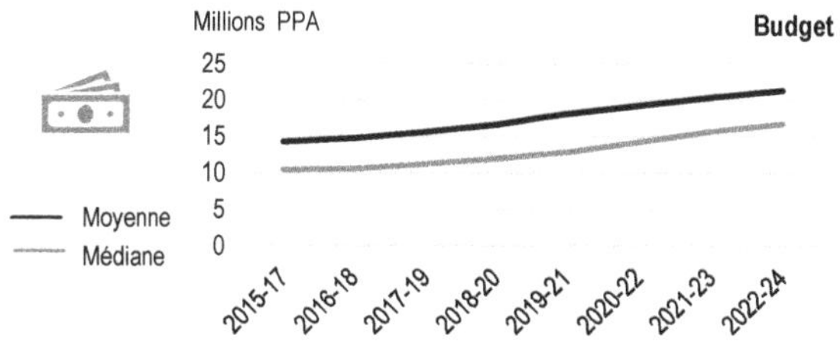

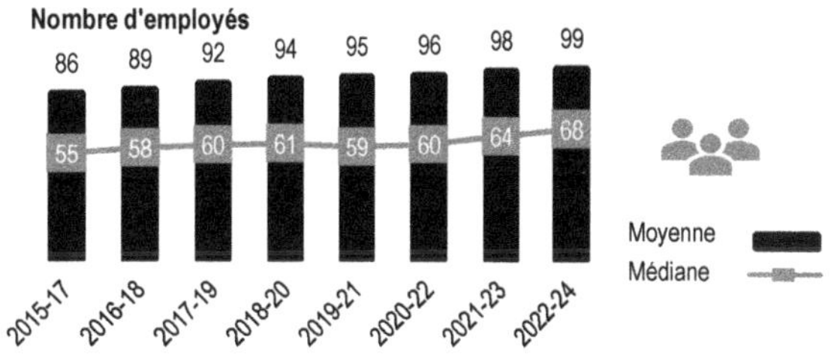

Note: 30 juridictions ont soumis des données budgétaires et 32, sur le personnel.

Décisions et amendes dans les affaires d'entente et d'abus de position dominante

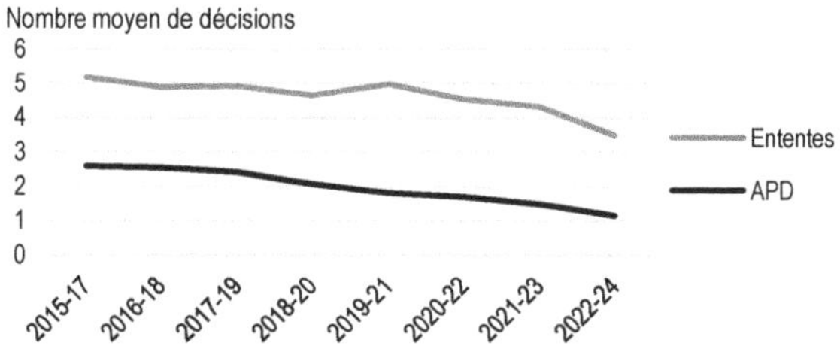

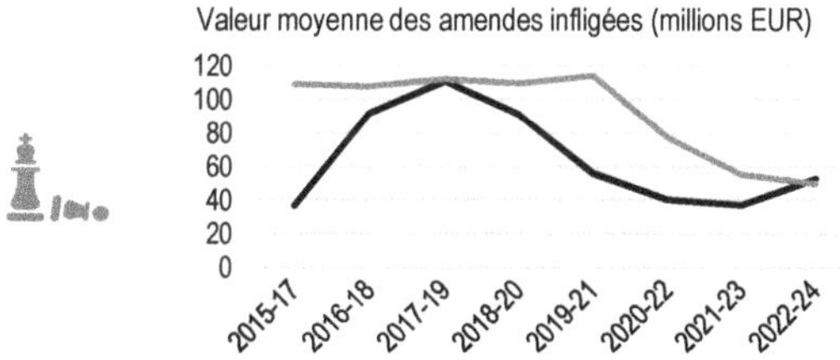

Note: 32 juridictions ont communiqué des données relatives aux décisions et aux amendes.

Demandes de clémence

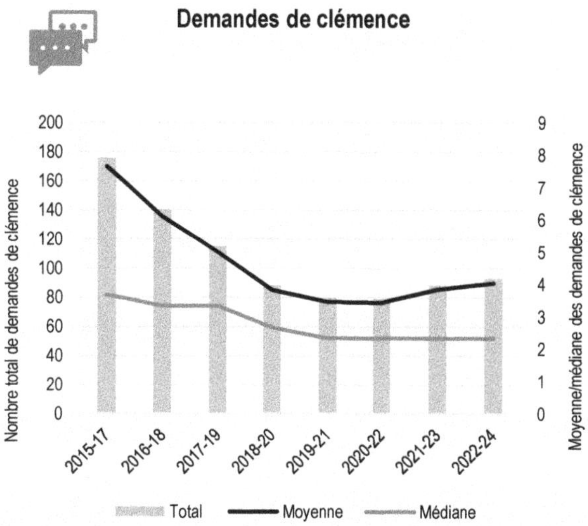

Note: 23 jurisdictions ont communiqué des données relatives à la clémence.

Notifications de fusion et taux d'intervention

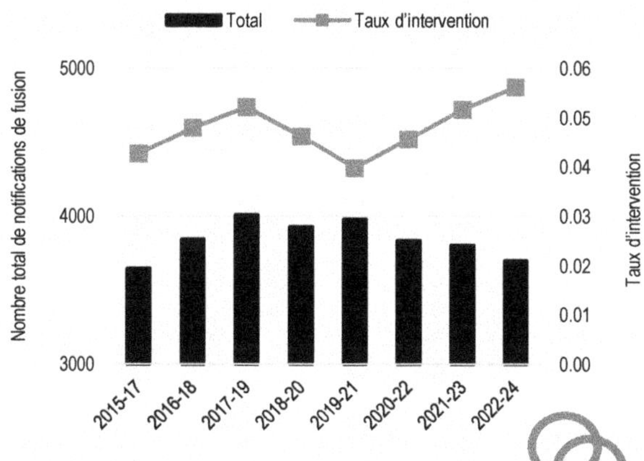

Note: 31 juridictions ont communiqué des données relatives aux notifications de fusion.

Études de marché

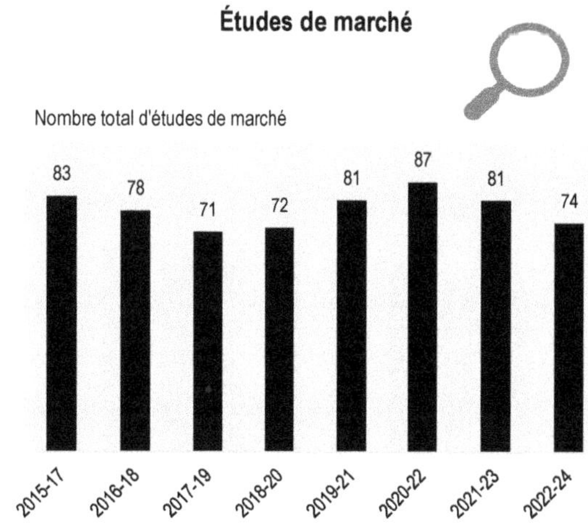

Note: 31 juridictions ont communiqué des données relatives aux études de marché.

Graphique A A.4. Moyen-Orient et Afrique

MOYEN-ORIENT ET AFRIQUE

7 juridictions

Arabie saoudite, COMESA, Israël, Kenya, Maurice, Tunisie et Türkiye.

Note : Les budgets sont exprimés en utilisant le facteur de conversion de la parité de pouvoir d'achat (PPA) de la Banque mondiale, un déflateur des prix et un convertisseur de devises qui corrige les différences de niveau de prix entre les juridictions. Les amendes nominales sont exprimées en euros 2015 (les devises autres que l'euro sont converties au taux de change officiel du 31 décembre 2015) afin d'éliminer les distorsions dues aux fluctuations monétaires.

Budget et nombre d'employés dans le domaine de la concurrence

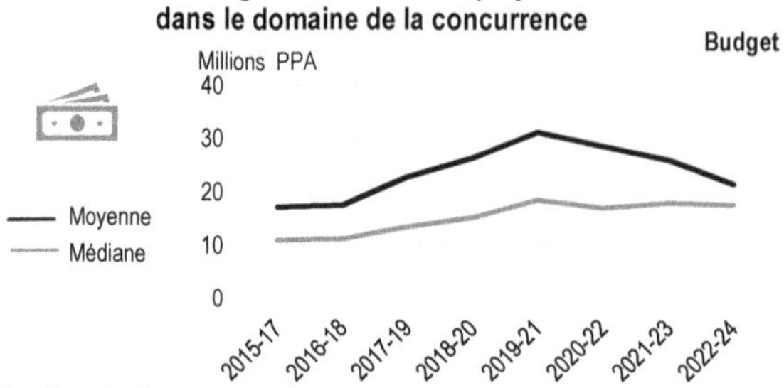

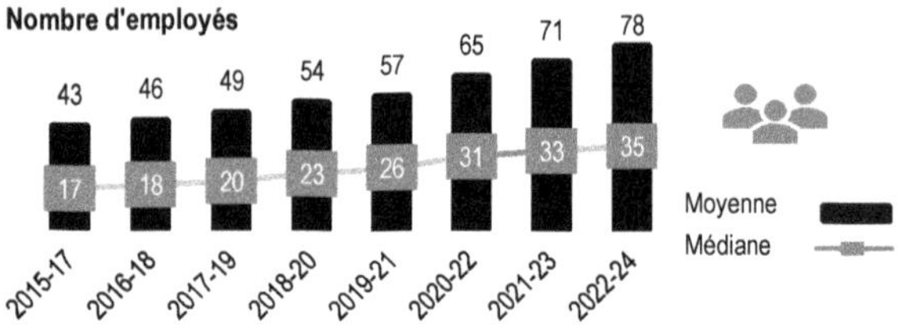

Note: 5 jurisdictions ont soumis des données budgétaires et 7, sur le personnel.

Décisions et amendes dans les affaires d'entente et d'abus de position dominante

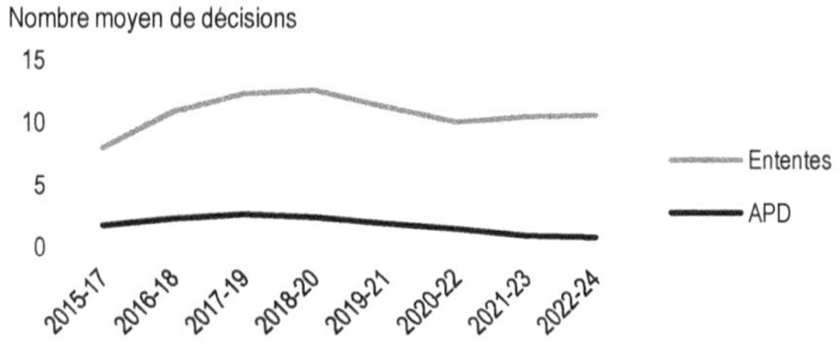

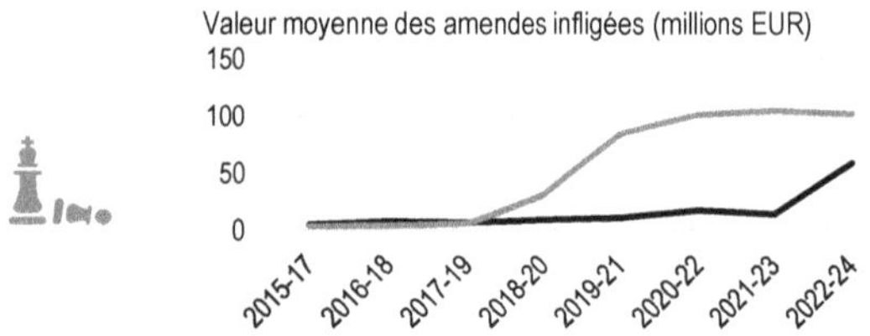

Note: 7 juridictions ont communiqué des données relatives aux décisions et aux amendes.

Demandes de clémence

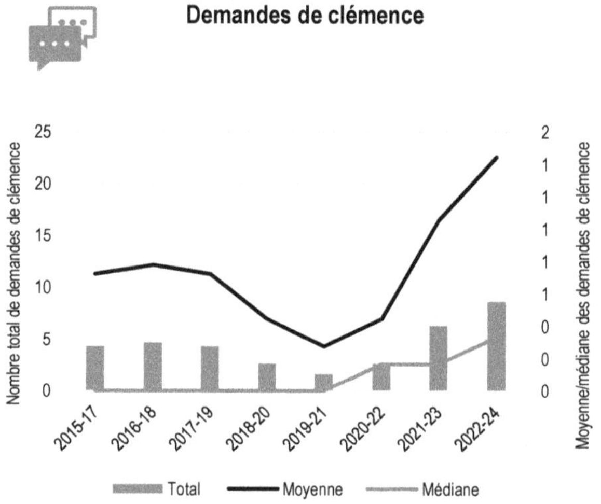

Note: 6 juridictions ont communiqué des données relatives à la clémence.

Notifications de fusion et taux d'intervention

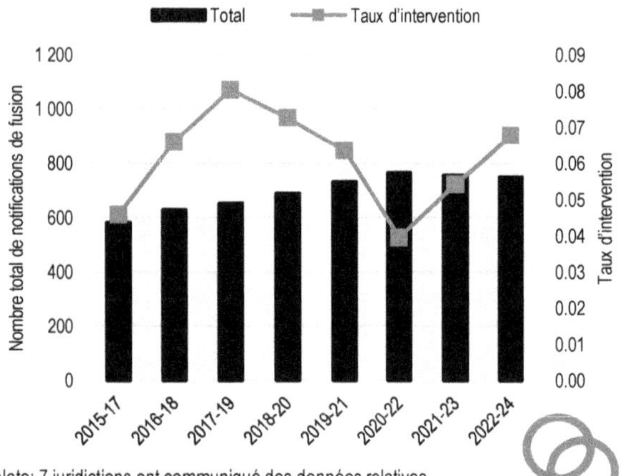

Note: 7 juridictions ont communiqué des données relatives aux notifications de fusion.

Études de marché

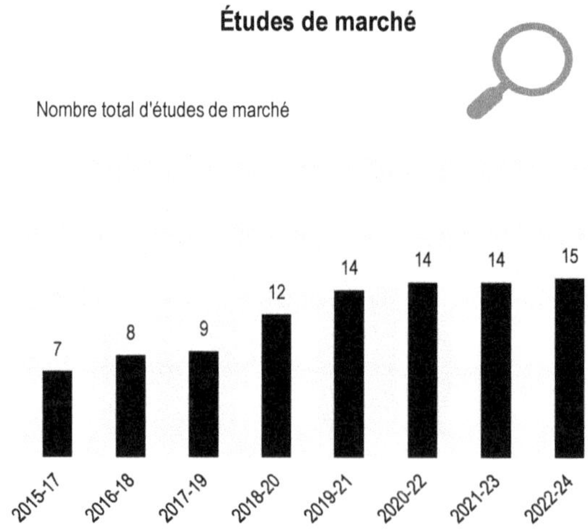

Note: 7 juridictions ont communiqué des données relatives aux études de marché.

Annexe B. Évolution des variables pertinentes de la base de données CompStats

La présente annexe présente l'évolution de chacune des variables figurant dans la base de données CompStats, en totaux par année, en fonction de la qualité de membre de l'OCDE. Le fichier Excel disponible sur le site web contient des données agrégées relatives au nombre total, aux moyennes et aux médianes, ventilées notamment par région. Ce fichier inclut également tous les graphiques figurant dans le présent rapport ainsi que dans ses annexes.

Fusions

Graphique A B.1. Nombre total de notifications (à gauche) et de décisions (à droite) relatives aux fusions, 2015-24

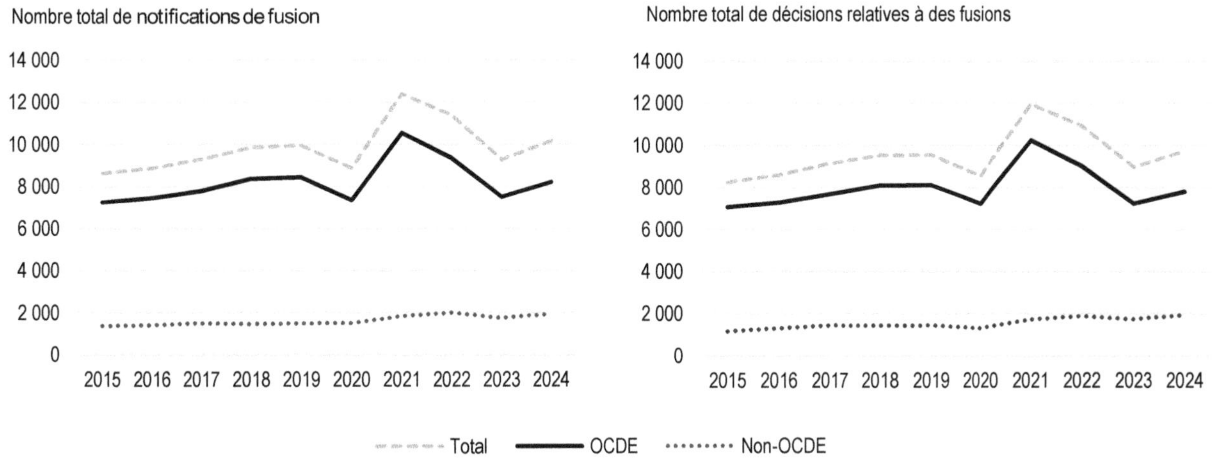

Note : données établies à partir des 59 juridictions figurant dans la base de données CompStats de l'OCDE qui ont fourni des statistiques sur les notifications et les décisions relatives aux fusions pour la période 2015-2024.
Source : base de données CompStats de l'OCDE.

Tableau A B.1. Décisions relatives aux opérations de fusion, par type, pays membres de l'OCDE

Juridiction	Régime de contrôle des fusions	Nombre total de notifications de fusion	Autorisations en phase I (ou expiration du délai d' attente)	Autorisations en phase I avec mesures correctives	Autorisations en phase II (ou expiration du délai d' attente)	Autorisations en phase II avec mesures correctives	Nombre total d' interdictions de fusion	Notifications de retrait
Australie	Une phase	3 337	3 236	40	–	–	11	30
Autriche	Deux phases	4 265	4 172	26	1	12	1	20
Belgique	Deux phases	307	265	17	1	3	0	2

Juridiction	Régime de contrôle des fusions	Nombre total de notifications de fusion	Autorisations en phase I (ou expiration du délai d' attente)	Autorisations en phase I avec mesures correctives	Autorisations en phase II (ou expiration du délai d' attente)	Autorisations en phase II avec mesures correctives	Nombre total d' interdictions de fusion	Notifications de retrait
Canada	Deux phases	2 141	1 471	0	580	54	8	15
Chili	Deux phases	322	285	17	5	7	4	3
Colombie	Deux phases	1 316	314	0	138	26	4	18
Costa Rica*	Deux phases	358	214	13	11	4	2	4
Tchéquie	Deux phases	496	446	15	14	4	1	1
Danemark	Deux phases	531	461	5	19	14	0	6
Estonie	Deux phases	416	372	1	17	8	3	7
Union européenne	Deux phases	3 760	3 468	116	9	44	9	24
Finlande	Deux phases	373	327	0	12	23	2	11
France	Deux phases	2 602	2 391	68	5	3	2	52
Allemagne	Deux phases	11 330	10 954	0	35	11	9	31
Grèce	Deux phases	170	124	2	23	9	0	2
Hongrie	Deux phases	610	504	1	26	7	1	1
Islande	Deux phases	337	184	10	82	40	6	8
Irlande	Deux phases	702	670	19	21	15	2	5
Israël	Deux phases	1 966	1 659	0	187	31	16	37
Italie	Deux phases	702	624	0	2	39	1	2
Japon	Deux phases	3 198	3 082	16	15	9	0	22
Corée	Deux phases	8 183	7 913	0	241	29	2	17
Lettonie	Deux phases	183	138	0	46	4	2	1
Lituanie	Deux phases	310	236	0	41	7	8	6
Mexique	Deux phases	1 599	1 473	6	37	11	9	3
Pays-Bas	Deux phases	1 225	1 150	8	19	9	6	9
Nouvelle-Zélande	Une phase	103	95	14	–	–	2	9
Norvège	Deux phases	1 187	1 134	1	16	13	9	6
Pologne	Deux phases	2 839	2 526	1	56	18	8	20
Portugal	Deux phases	635	595	6	3	5	3	5
République slovaque	Deux phases	267	232	2	6	7	0	6
Slovénie	Deux phases	391	284	7	1	3	1	5
Espagne	Deux phases	889	820	39	6	8	0	6
Suède	Deux phases	879	850	5	15	3	3	5
Suisse	Deux phases	348	327	0	12	0	2	0
Türkiye	Deux phases	2 306	2 249	5	19	22	2	10
Royaume-Uni	Deux phases	515	355	93	25	24	18	27
États-Unis	Deux phases	21 306	20 792	24	197	195	51	81

Note : données établies à partir de 38 juridictions figurant dans la base de données CompStats de l'OCDE qui ont fourni des données sur les décisions relatives à des fusions, par type, pour la période 2015-2024. La classification d'un régime en régime à une ou deux phases est effectuée conformément aux dispositions prévues dans les lois sur les fusions.
* En 2019, le Costa Rica a procédé à une modification importante de son régime de concurrence, qui a notamment entraîné le passage d'un régime de contrôle des fusions à une phase à un régime à deux phases.
Source : base de données CompStats de l'OCDE.

Tableau A B.2. Décisions relatives aux opérations de fusion, par type, pays non membres de l'OCDE

Juridiction	Régime de contrôle des fusions	Nombre total de notifications de fusion	Autorisations en phase I (ou expiration du délai d' attente)	Autorisations en phase I avec mesures correctives	Autorisations en phase II (ou expiration du délai d' attente)	Autorisations en phase II avec mesures correctives	Nombre total d' interdictions de fusion	Notifications de retrait
Albanie	Deux phases	302	300	1	0	1	0	2
Argentine	Deux phases	790	821	16	80	3	0	0
Barbade	Deux phases	20	3	1	12	1	1	0
Brésil	Une phase	5 070	4 806	55	–	–	7	33
Bulgarie	Deux phases	351	251	1	7	0	4	1
Taipei chinois	Deux phases	612	281	1	15	9	3	1
COMESA*	Une phase	402	188	13	103	17	1	11
Croatie	Deux phases	157	114	0	3	4	0	1
Équateur**	Deux phases	177	110	11	16	5	0	5
El Salvador	Deux phases	Non disponibles	103	44	0	0	0	1
Indonésie	Une phase	1 433	1 236	8	–	–	1	0
Kazakhstan	Une phase	969	628	55	–	–	133	13
Kenya	Une phase	1 040	557	59	–	–	0	1
Malte	Deux phases	88	81	0	1	2	1	2
Maurice	Deux phases	55	51	0	0	7	0	1
Panama	Une phase	29	5	2	–	–	0	0
Paraguay	Deux phases	82	4	0	51	8	1	2
Pérou	Deux phases	72	57	1	2	5	1	5
Philippines	Deux phases	310	189	5	7	5	1	5
Roumanie	Deux phases	848	683	17	0	0	0	17
Arabie saoudite	Une phase	1 049	913	4	–	–	2	8
Singapour	Deux phases	63	52	2	2	2	1	3
Trinité-et-Tobago	Une phase	37	4	0	–	–	0	0
Tunisie	Une phase	61	44	3	–	–	1	0
Ukraine	Deux phases	5 709	4 461	0	241	19	0	399

Note : données établies à partir de 25 juridictions non membres de l'OCDE figurant dans la base de données CompStats de l'OCDE qui ont fourni des données sur les décisions relatives à des fusions, par type, pour la période 2015-2024. La classification d'un régime en régime à une ou deux phases est effectuée conformément aux dispositions prévues dans les lois sur les fusions.

* En 2020, la COMESA a procédé à une modification importante de son régime de contrôle des fusions, qui a notamment entraîné le passage d'un régime à deux phases à un régime à une phase.

** En 2021, l'Équateur a procédé à une modification importante de son régime de contrôle des fusions, qui a notamment entraîné le passage d'un régime à une phase à un régime à deux phases.

Source : base de données CompStats de l'OCDE.

Graphique A B.2. Pourcentage de décisions relatives à des fusions, par type, 2015-24

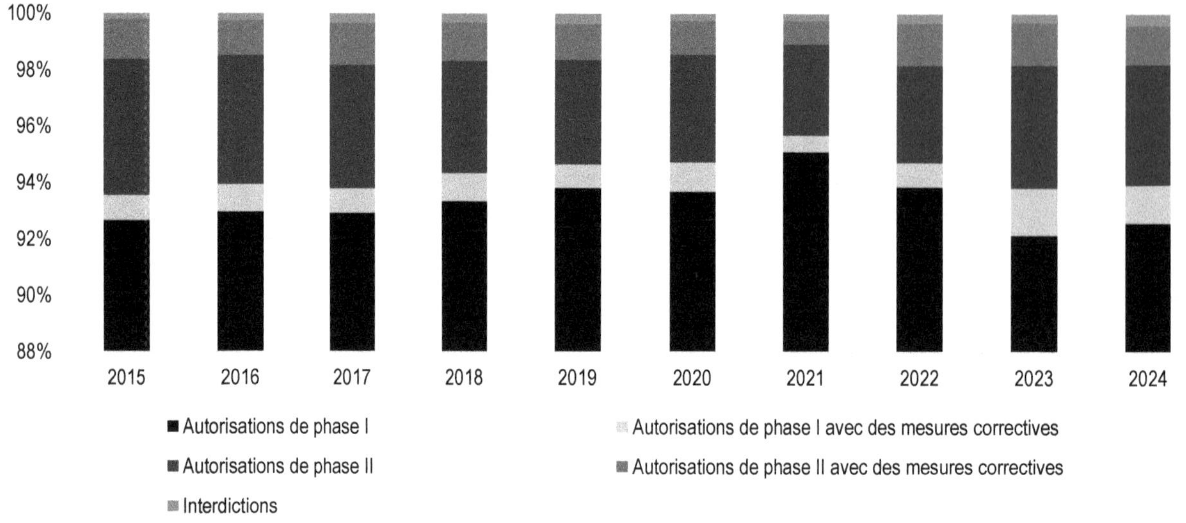

Note : données établies à partir des 59 juridictions figurant dans la base de données CompStats de l'OCDE qui ont fourni des statistiques sur les décisions relatives à des fusions, par type, pour la période 2015-2024.
Source : base de données CompStats de l'OCDE.

Graphique A B.3. Taux d'intervention par juridiction

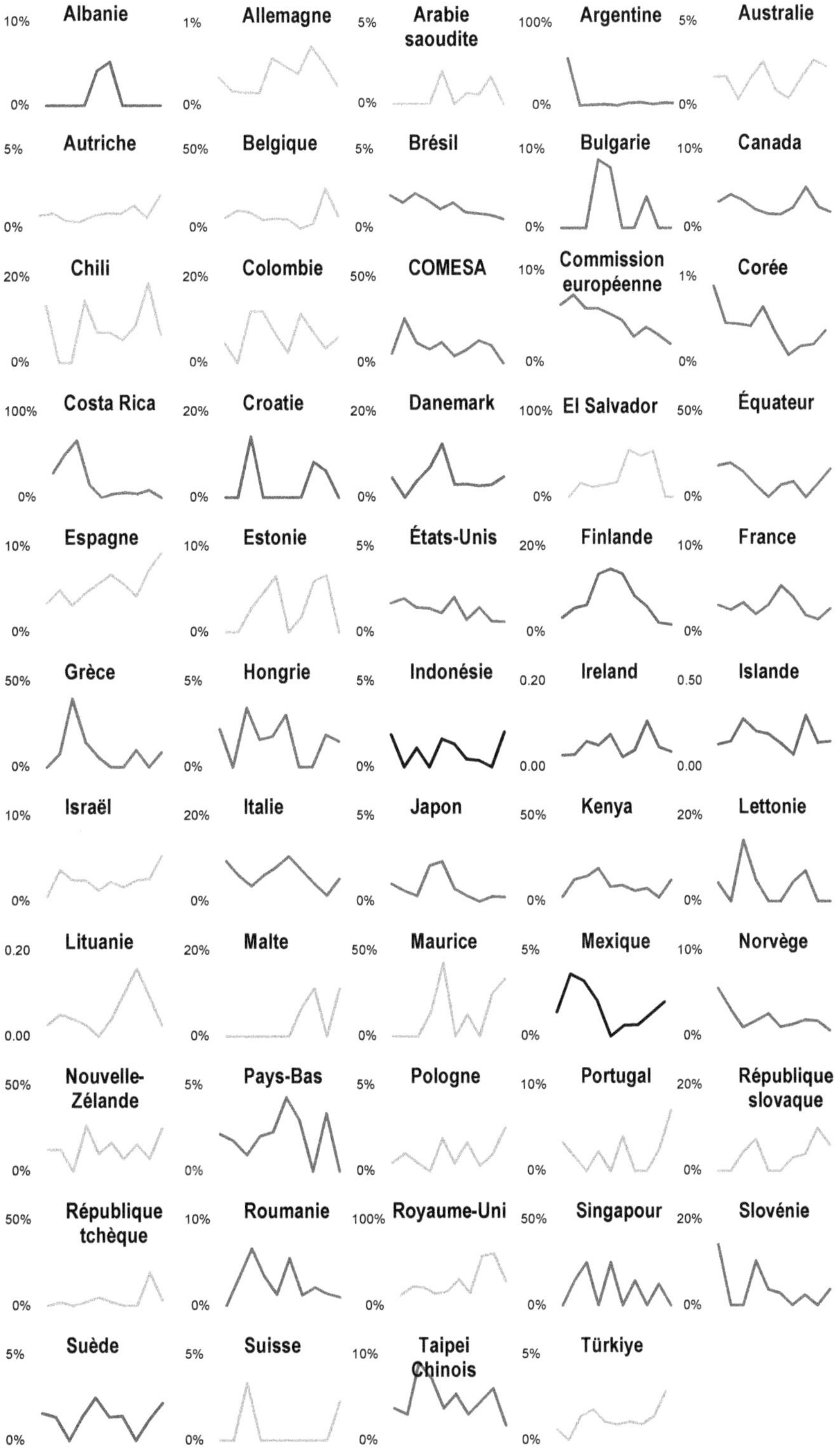

Note : le taux d'intervention correspond à la part des fusions approuvées sous réserve de mesures correctives, interdites ou contestées par rapport au nombre total de décisions relatives à des fusions.
Données établies à partir des juridictions figurant dans la base de données CompStats de l'OCDE qui ont fourni des statistiques sur les mesures correctives, ainsi que les interdictions ou contestations relatives aux opérations de fusion pour la période 2015-2024.
La couleur de chaque ligne indique la tendance suivie par le taux d'intervention dans la juridiction au cours de la décennie. Le vert représente une tendance à la hausse, le bleu une tendance stable et le rose une tendance à la baisse.
Source : base de données CompStats de l'OCDE.

Graphique A B.4. Nombre total de fusions retirées, 2015-24

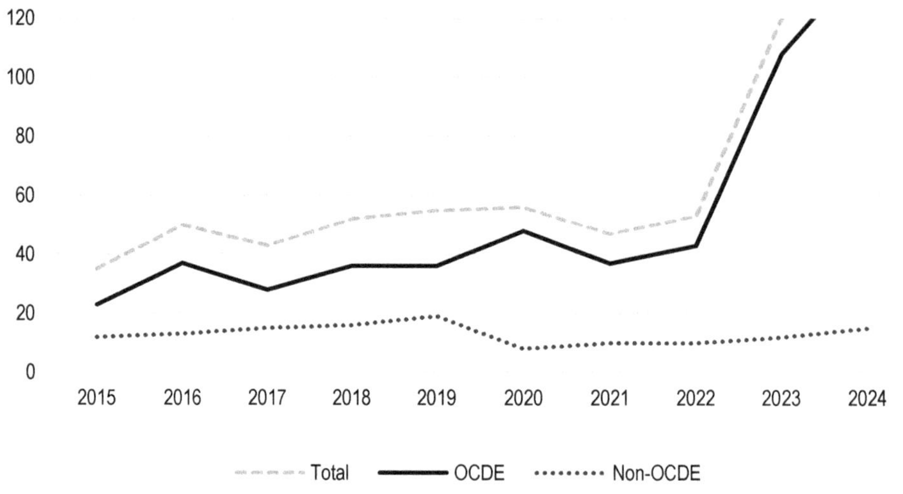

Note : données établies à partir des 58 juridictions figurant dans la base de données CompStats de l'OCDE qui ont fourni des statistiques sur les fusions retirées pour la période 2015-2024.
Source : base de données CompStats de l'OCDE.

Études de marché

Graphique A B.5. Nombre total d'études de marché réalisées, 2015-24

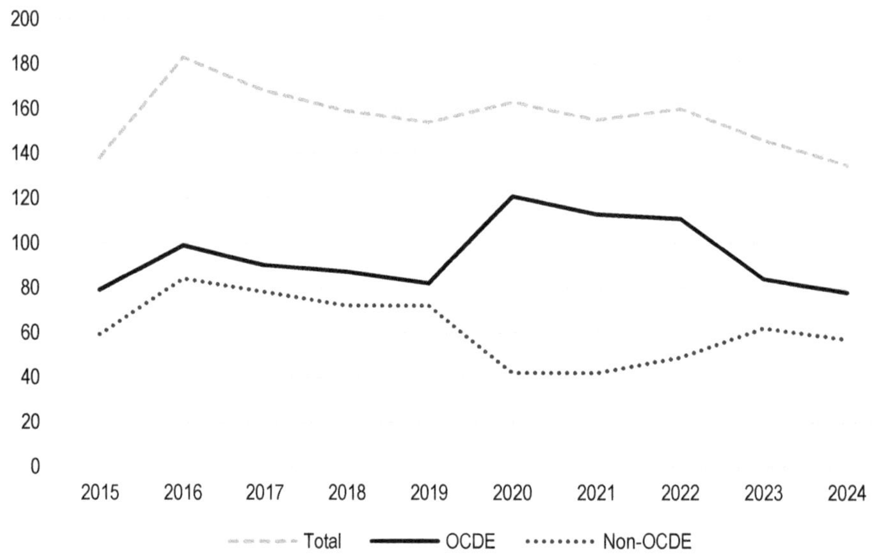

Note : données établies à partir des 60 juridictions figurant dans la base de données CompStats de l'OCDE qui ont fourni des statistiques sur les études de marché pour la période 2015-2024.
Source : base de données CompStats de l'OCDE.

Application du droit de la concurrence dans les affaires d'entente

Graphique A B.6. Nombre total de décisions constant une infraction (à gauche) et d'enquêtes (à droite) dans des affaires d'ententes par année, 2015-24

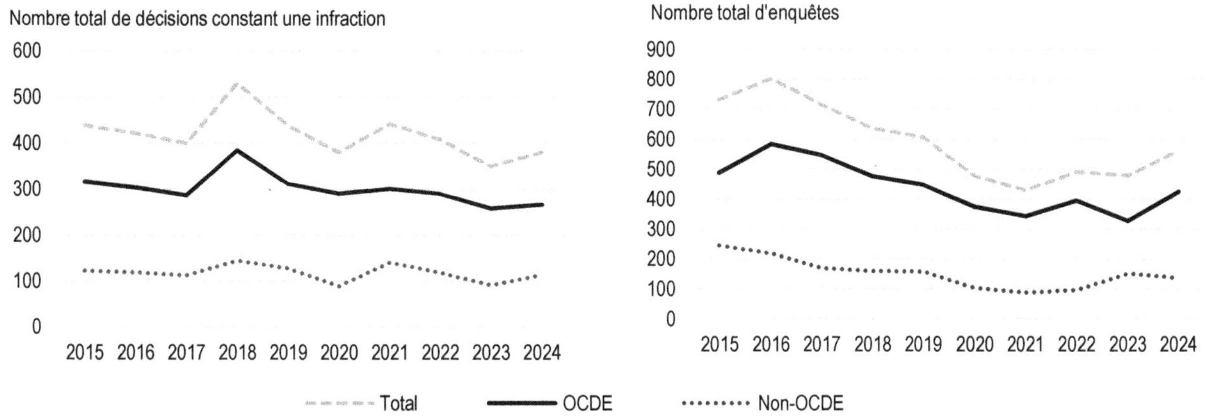

Note : données établies à partir des 60 et 52 juridictions figurant dans la base de données CompStats de l'OCDE qui ont fourni des statistiques sur les décisions et les enquêtes dans des affaires d'ententes pour la période 2015-2024.
Source : base de données CompStats de l'OCDE.

Graphique A B.7. Montant total des amendes infligées en 2015 en EUR (à gauche) et nombre d'entreprises sanctionnées par des amendes (à droite) dans des affaires d'ententes, 2015-24

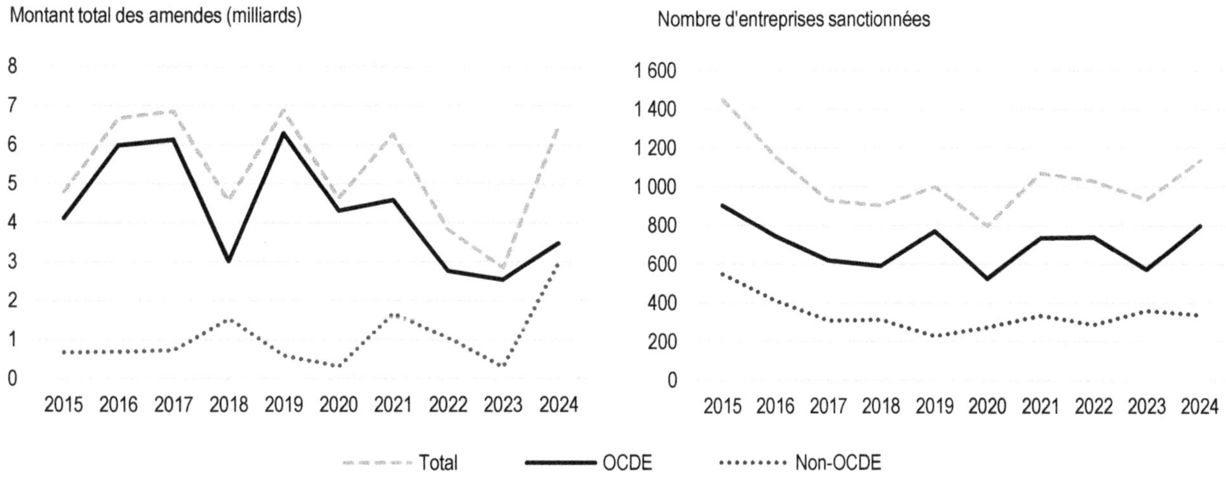

Note : les montants des sanctions sont ajustés à l'aide des taux de change au 31 décembre 2015 par juridiction. Note : données établies à partir des 61 et 60 juridictions figurant dans la base de données CompStats de l'OCDE qui ont fourni des statistiques sur les amendes et les entreprises sanctionnées par des amendes dans des affaires d'ententes pour la période 2015-2024.
Source : base de données CompStats de l'OCDE.

Graphique A B.8. Nombre total d'affaires d'ententes dans lesquelles des amendes ont été infligées à des personnes physiques par l'autorité de la concurrence ou par un tribunal (hors appels) (à

gauche) et nombre total d'affaires d'ententes dans lesquelles des peines d'emprisonnement ont été prononcées (à droite), 2015-24

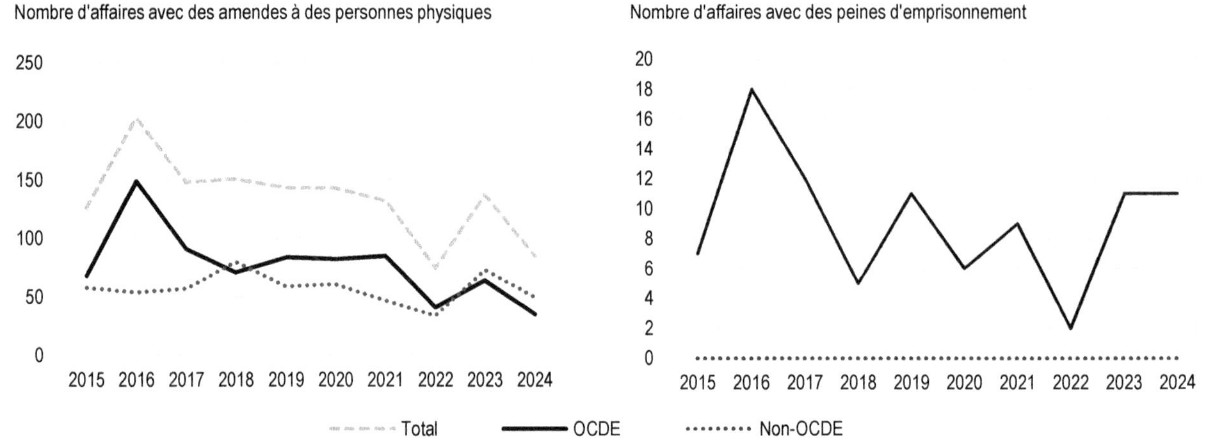

Note : données établies à partir des 45 et 28 juridictions figurant dans la base de données CompStats de l'OCDE qui ont fourni des statistiques sur les amendes infligées à des personnes physiques et sur les peines d'emprisonnement dans des affaires d'ententes pour la période 2015-2024.
Source : base de données CompStats de l'OCDE.

Graphique A B.9. Nombre total d'affaires d'ententes qui se sont soldées par une transaction amiable ou une négociation de peine à la suite de la constatation d'infractions et/ou un engagement ou un autre type de procédure négociée, 2015-24

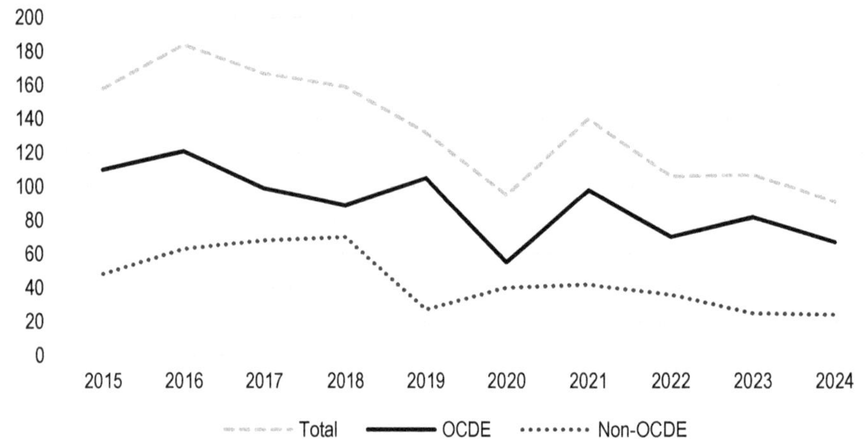

Note : données établies à partir des 55 juridictions figurant dans la base de données CompStats de l'OCDE qui ont fourni des statistiques sur les transactions amiables ou les engagements dans des affaires d'ententes pour la période 2015-2024. Le total représente la somme des transactions amiables ou des négociations de peines à la suite de la constatation d'infractions et des engagements et autres types de procédures négociées dans les affaires d'ententes par an.
Source : base de données CompStats de l'OCDE.

Graphique A B.10. Nombre total de demandes de clémence par an, 2015-24

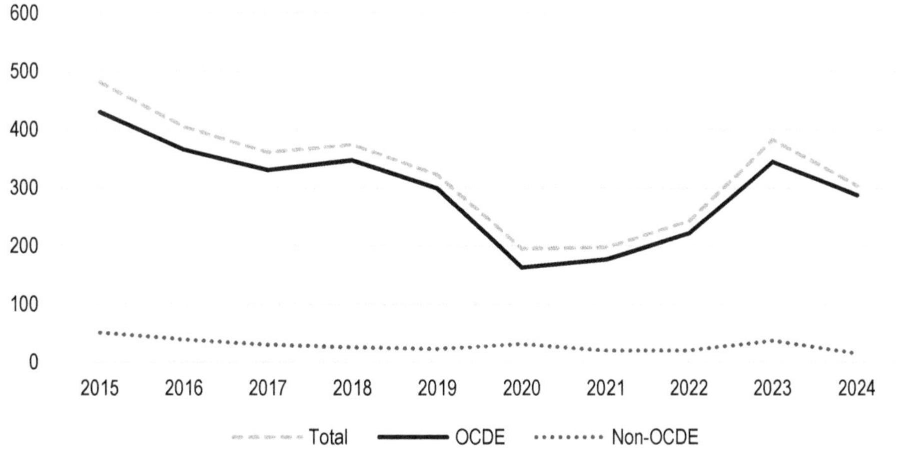

Note : données établies à partir des 46 juridictions figurant dans la base de données CompStats de l'OCDE qui ont fourni des statistiques sur les demandes de clémence pour la période 2015-2024. Ce graphique ne couvre pas les données des agences de la concurrence des États-Unis.
Source : base de données CompStats de l'OCDE.

Graphique A B.11. Nombre total d'affaires d'entente qui ont donné lieu à des perquisitions inopinées, 2015-24

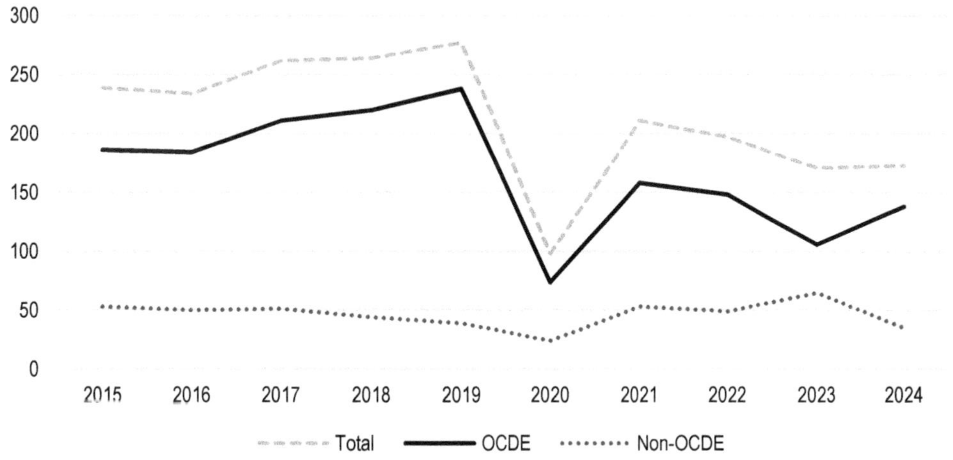

Note : données établies à partir des 50 juridictions figurant dans la base de données CompStats de l'OCDE qui ont fourni des statistiques sur les perquisitions inopinées dans les affaires d'entente pour la période 2015-24. Ce graphique ne couvre pas les données des agences de la concurrence des États-Unis.
Source : base de données CompStats de l'OCDE.

Application du droit de la concurrence dans les affaires d'abus de position dominante

Graphique A B.12. Nombre total d'enquêtes (à gauche) et de décisions (à droite) relatives à des infractions pour abus de position dominante, 2015-24

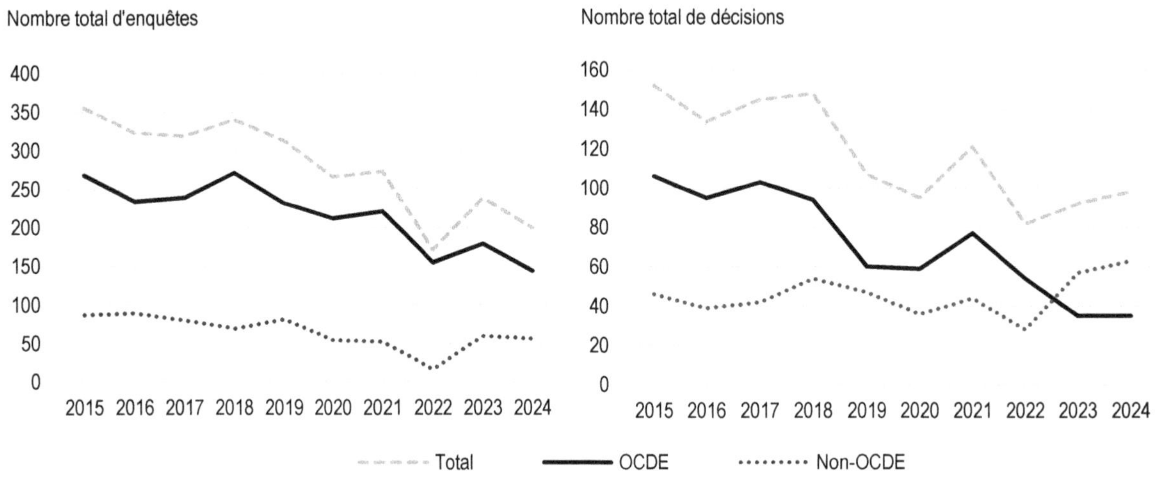

Note : données établies à partir des 60 et 59 juridictions figurant dans la base de données CompStats de l'OCDE qui ont fourni des statistiques sur les décisions et les enquêtes relatives à des infractions pour abus de position dominante pour la période 2015-24.
Source : base de données CompStats de l'OCDE.

Graphique A B.13. Montant total des amendes infligées en 2015 en EUR (à gauche) et nombre total d'affaires dans lesquelles des entreprises ont été condamnées à une amende (à droite) dans des affaires d'abus de position dominante, 2015-24

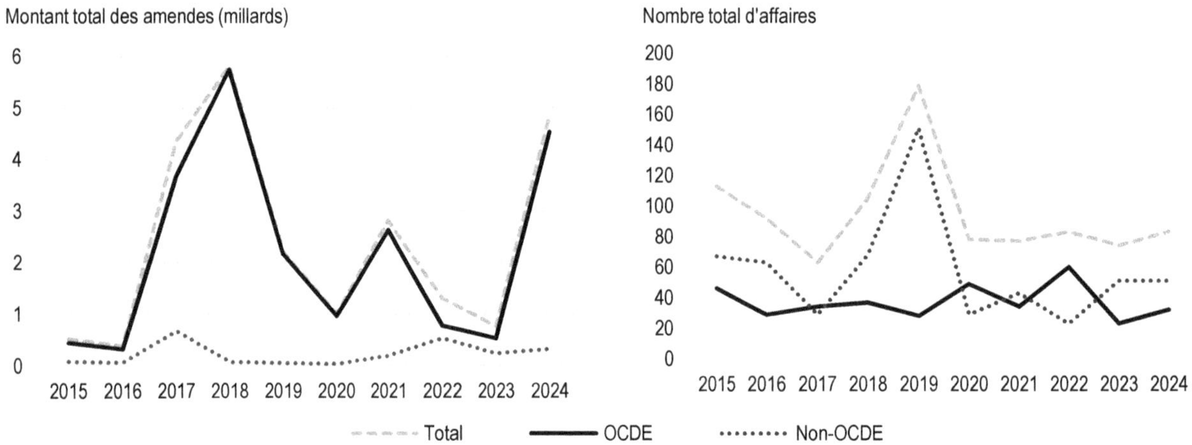

Note : les montants des sanctions sont ajustés à l'aide des taux de change au 31 décembre 2015 par juridiction. Données établies à partir des 59 et 58 juridictions figurant dans la base de données CompStats de l'OCDE qui ont fourni des statistiques sur les amendes et les entreprises sanctionnées par des amendes dans des affaires d'abus de position dominante pour la période 2015-24.
Source : base de données CompStats de l'OCDE.

Graphique A B.14. Nombre total d'affaires d'abus de position dominante qui se sont soldées par une transaction amiable ou une négociation de peine à la suite de la constatation d'infractions et/ou un engagement ou un autre type de procédure négociée, 2015-24

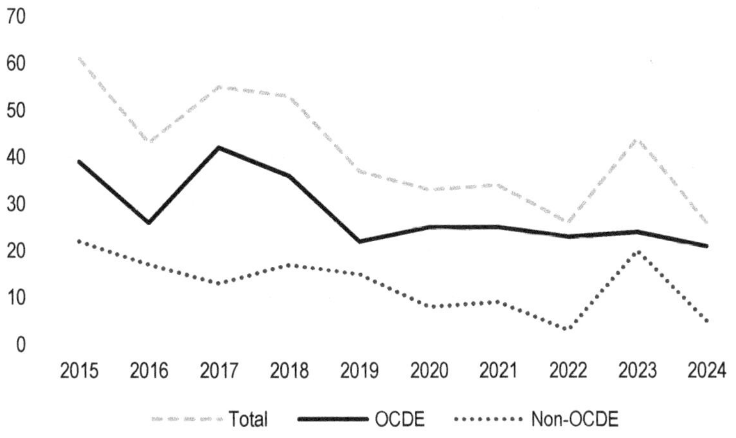

Note : données établies à partir des 52 juridictions figurant dans la base de données CompStats de l'OCDE qui ont fourni des statistiques sur les transactions amiables ou les engagements dans des affaires d'abus de position dominante pour la période 2015-24. Le total représente la somme des transactions amiables ou des négociations de peines à la suite de la constatation d'infractions et des engagements et autres types de procédures négociées dans les affaires d'abus de position dominante par an.
Source : base de données CompStats de l'OCDE.

Graphique A B.15. Nombre total d'abus de position dominante qui ont donné lieu à des perquisitions inopinées, 2015-24

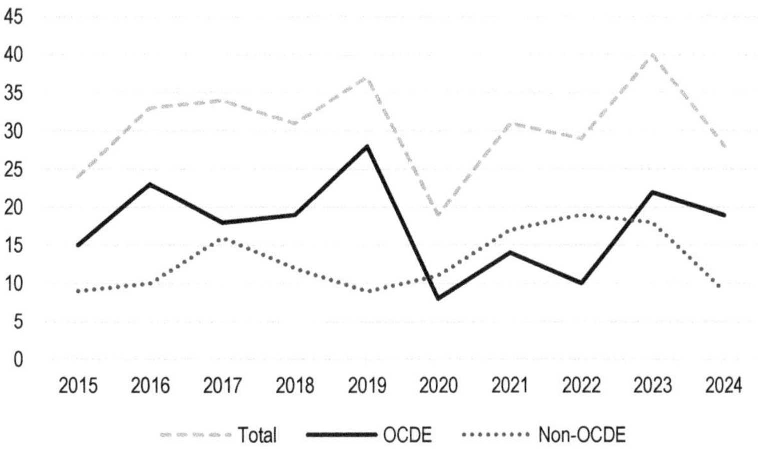

Note : données établies à partir des 47 juridictions figurant dans la base de données CompStats de l'OCDE qui ont fourni des statistiques sur les perquisitions inopinées dans les affaires d'abus de position dominante pour la période 2015-24. Ce graphique ne couvre pas les données des agences de la concurrence des États-Unis.
Source : base de données CompStats de l'OCDE.

Ressources

Graphique A B.16. Montant total des budgets à disposition des autorités de la concurrence en 2015 en EUR et en termes réels, 2015-24

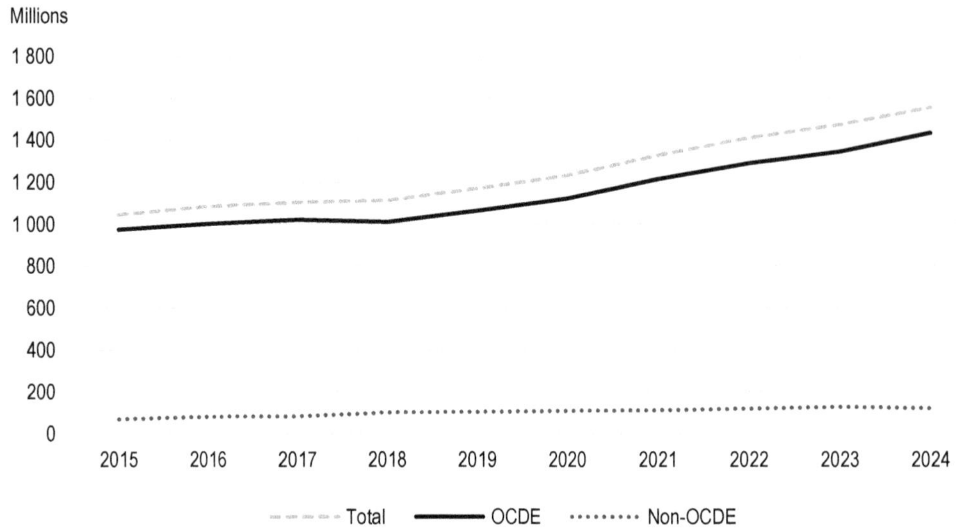

Note : les budgets des autorités de la concurrence sont ajustés à l'aide des taux de change au 31 décembre 2015 par juridiction. Données établies à partir des 56 juridictions figurant dans la base de données CompStats de l'OCDE qui ont fourni des statistiques sur les budgets des autorités de la concurrence pour la période 2015-24.
Source : base de données CompStats de l'OCDE.

Graphique A B.17. Effectif total travaillant dans le domaine de la concurrence, 2015-24

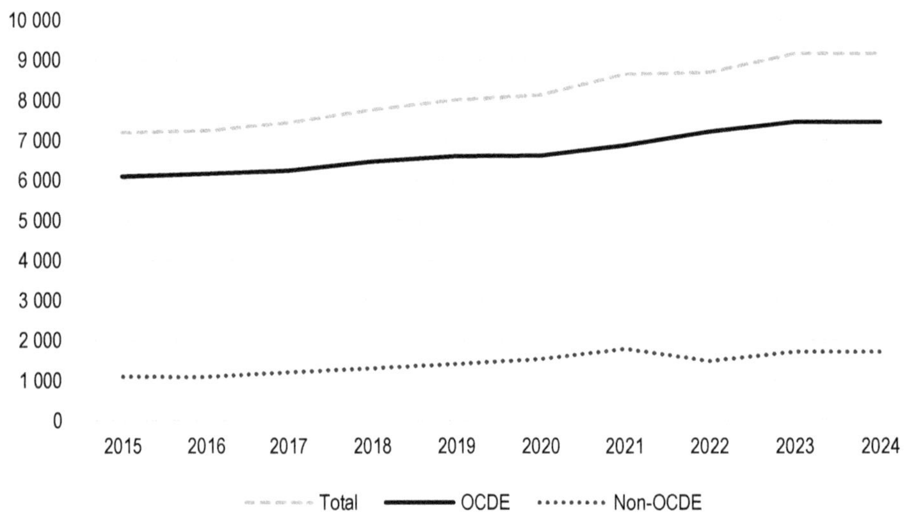

Note : données établies à partir des 63 juridictions figurant dans la base de données CompStats de l'OCDE qui ont fourni des statistiques sur les effectifs travaillant dans le domaine de la concurrence pour la période 2015-24.
Source : base de données CompStats de l'OCDE.

Annexe C. Sources et méthodologie de la base de données CompStats

En 2018, sous l'égide du Bureau du Comité de la concurrence, le Secrétariat de l'OCDE a lancé une initiative visant à élaborer une base de données réunissant des statistiques générales sur les autorités de la concurrence, et contenant des données sur les mesures d'application et des informations sur les initiatives de promotion du droit de la concurrence.

Certaines statistiques relatives aux activités des autorités de la concurrence sont d'ores et déjà publiques. Cependant, ces informations sont souvent éparpillées, ne sont pas cohérentes dans le temps ni d'une juridiction à une autre et ne sont pas systématiquement utilisées, à l'heure actuelle, pour repérer les grandes orientations qui permettaient aux pouvoirs publics d'en tirer des enseignements. Cette initiative vient combler cette lacune.

Le Secrétariat de l'OCDE rassemble chaque année des données auprès : (i) des autorités de la concurrence dans les juridictions membres de l'OCDE ; (ii) des autorités dans des juridictions non membres de l'OCDE qui sont des Participants ou des Associés au Comité de la concurrence de l'OCDE ; et (iii) des autorités de juridictions qui ne sont ni membres de l'OCDE ni Participants ou Associés au Comité de la concurrence de l'OCDE, mais qui ont exprimé le souhait de rejoindre la base de données.

Juridictions

La base de données CompStats de l'OCDE rassemble actuellement des données provenant d'autorités de la concurrence de 66 juridictions, dont 38 sont membres de l'OCDE (y compris la Commission européenne)[17].

Quatre régions géographiques sont utilisées dans Annexe A : Amériques, Asie-Pacifique, Europe et Moyen-Orient et Afrique (MOA). Les juridictions incluses dans la base de données CompStats de l'OCDE sont affectées à ces régions géographiques comme suit (les juridictions suivies d'un astérisque (*) sont considérées comme membres de l'OCDE aux fins de l'analyse de données) :

- **Amériques** (16) : Argentine, Barbade, Brésil, Canada*, Chili*, Colombie*, Costa Rica*, Équateur, El Salvador, États-Unis*, Mexique*, Panama, Paraguay, Pérou, République dominicaine, Trinité-et-Tobago.
- **Asie-Pacifique** (10) : Australie*, Corée*, Hong Kong (Chine), Indonésie, Japon*, Kazakhstan, Nouvelle-Zélande*, Philippines, Singapour et Taipei chinois.
- **Europe** (33) : Albanie*, Allemagne*, Autriche, Belgique*, Bulgarie, Commission européenne*, Croatie, Danemark*, Espagne*, Estonie, Finlande*, France*, Grèce*, Hongrie*, Irlande*, Islande*, Italie*, Lettonie*, Lituanie*, Luxembourg*, Malte, Norvège*, Pays-Bas*, Pologne*, Portugal*, Roumanie, Royaume-Uni*, République slovaque*, République tchèque*, Slovénie*, Suisse*, Suède*, Ukraine.
- **MOA** (7) : Arabie saoudite, COMESA, Israël*, Kenya, Maurice, Tunisie et Türkiye*.

Période

La base de données CompStats de l'OCDE contient dix années de données annuelles couvrant la période 2015 à 2024. Comme toutes les juridictions ne fournissent pas de données pour toutes les variables et toutes les années, les totaux et les moyennes présentés dans ce rapport sont calculés à partir des informations des juridictions qui ont transmis des données relatives à la variable concernée sur l'ensemble de la période.

Données

Les domaines suivants sont actuellement couverts par la base de données CompStats de l'OCDE.

1. Informations générales

- Budgets des autorités de la concurrence
- Nombre d'employés
- Nombre d'employés dans le domaine de la concurrence

2. Ententes et autres accords anticoncurrentiels

- Nombre de décisions constatant une infraction
- Nombre de décisions constatant une infraction par secteur d'activité
- Nombre de décisions constatant une infraction portant sur des soumissions concertées
- Nombre de décisions constatant une infraction portant sur des accords verticaux
- Nombre de décisions d'autre type
- Nombre d'affaires se soldant par une transaction amiable ou une négociation de peine
- Nombre d'affaires se soldant par une procédure négociée/consensuelle pour le règlement des dossiers
- Nombre de demandes de clémence
- Nombre d'enquêtes ouvertes
- Nombre de dossiers impliquant une perquisition inopinée
- Montant total des amendes infligées
- Nombre d'entreprises sanctionnées par une amende
- Nombre d'affaires impliquant des amendes infligées à des personnes physiques
- Nombre d'affaires impliquant des peines d'emprisonnement

3. Abus de position dominante/comportement unilatéral

- Nombre de décisions constatant une infraction
- Nombre de décisions constatant une infraction par secteur d'activité
- Nombre de décisions d'autre type
- Nombre d'affaires se soldant par une transaction amiable ou une négociation de peine
- Nombre d'affaires se soldant par une procédure négociée/consensuelle pour le règlement des dossiers
- Nombre d'enquêtes ouvertes
- Nombre de dossiers impliquant une perquisition inopinée

- Montant total des amendes infligées
- Nombre d'entreprises sanctionnées par une amende

4. Fusions et acquisitions

- Nombre de notifications
- Nombre d'autorisations de phase I (ou de phase unique)
- Nombre d'autorisations de phase I (ou de phase unique) assorties de mesures correctives
- Nombre d'autorisations de phase II (après une enquête approfondie)
- Nombre d'autorisations de phase II assorties de mesures correctives
- Nombre d'interdictions (ou procès)
- Nombre de notifications retirées par les parties à la fusion

5. Promotion de la concurrence

- Nombre d'études de marché

6. Données publiques supplémentaires

Pour enrichir la base de données et permettre une analyse plus approfondie et de meilleure qualité, le Secrétariat a ajouté les variables suivantes à la base de données :

- Données sur le produit intérieur brut (PIB, prix courants, parité de pouvoir d'achat), l'inflation et la population provenant de la base de données des indicateurs du développement de la Banque mondiale. Pour certaines juridictions (Corée, Japon et Taipei chinois), les données du PIB proviennent du Fonds monétaire international (PIB, prix courants, parité de pouvoir d'achat). Il convient de noter que pour l'année 2023, la Banque mondiale a révisé la méthode utilisée pour calculer le facteur de conversion de la parité de pouvoir d'achat, de sorte que les variables modifiées ne sont pas comparables avec les versions précédentes du rapport.
- Année de mise en œuvre du droit de la concurrence
- Année de création de l'autorité de la concurrence
- Année d'adoption du contrôle des fusions
- Année de création d'un programme de clémence
- Caractéristiques des régimes de contrôle des fusions figurant dans la base de données CompStats (notification des fusions volontaire ou obligatoire, droits de dépôt obligatoires, critères retenus pour fixer le seuil de notification des fusions, utilisation d'un régime simplifié de contrôle des fusions et approches en une phase ou en deux phases)

Autorités de la concurrence incluses dans la base de données CompStats de l'OCDE

Les autorités de la concurrence suivantes ont communiqué les informations alimentant la base de données CompStats de l'OCDE.

Tableau A C.1. Autorités de la concurrence incluses dans la base de données CompStats de l'OCDE

Juridiction	Acronyme	Autorité de la concurrence
Albanie	ALB	Autorité de la concurrence de l'Albanie
Argentine	ARG	Commission nationale de défense de la concurrence
Australie	AUS	Commission australienne de la concurrence et de la protection des consommateurs
Autriche	AUT	Autorité fédérale de la concurrence
Barbade	BRB	Commission du commerce équitable de la Barbade
Belgique	BEL	Autorité belge de la concurrence
Brésil	BRA	Conseil administratif de défense économique
Bulgarie	BGR	Commission pour la protection de la concurrence
Canada	CAN	Bureau de la concurrence Canada
Chili	CHL	Bureau du procureur économique national Tribunal pour la défense de la libre concurrence
Colombie	COL	Surintendance de l'industrie et du commerce
COMESA	COM	Commission de la concurrence du Marché commun de l'Afrique orientale et australe
Costa Rica	CRI	Commission de promotion de la concurrence Surintendance des télécommunications du Costa Rica
Croatie	HRV	Agence croate de la concurrence
Tchéquie	CZE	Bureau de protection de la concurrence
Danemark	DNK	Autorité danoise de la concurrence et de la protection des consommateurs
République dominicaine	DOM	Commission nationale pour la défense de la concurrence de la République dominicaine
Équateur	ECU	Surintendance de la concurrence économique
El Salvador	SAL	Surintendance de la concurrence
Estonie	EST	Autorité estonienne de la concurrence
Union européenne	EU	Direction générale de la concurrence de la Commission européenne
Finlande	FIN	Autorité finlandaise de la concurrence et de la protection des consommateurs
France	FRA	Autorité de la concurrence
Allemagne	DEU	Bureau fédéral des cartels
Grèce	GRC	Commission grecque de la concurrence
Hong Kong, Chine	HKG	Commission de la concurrence (Hong Kong)
Hongrie	HUN	Autorité hongroise de la concurrence
Islande	ISL	Autorité islandaise de la concurrence
Indonésie	IDN	Commission indonésienne de la concurrence
Irlande	IRL	Commission de la concurrence et de la protection des consommateurs
Israël	ISR	Autorité israélienne de la concurrence
Italie	ITA	Autorité italienne de la concurrence
Japon	JPN	Commission japonaise du commerce équitable
Kazakhstan	KAZ	Agence de protection et de développement de la concurrence
Kenya	KEN	Autorité de la concurrence du Kenya
Corée	KOR	Commission coréenne du commerce équitable
Lettonie	LVA	Conseil de la concurrence de la République de Lettonie
Lituanie	LTU	Conseil de la concurrence de la République de Lituanie
Luxembourg	LUX	Conseil de la concurrence

Juridiction	Acronyme	Autorité de la concurrence
Malte	MLT	Autorité de la concurrence et de la protection des consommateurs de Malte – Bureau de la concurrence
Maurice	MUS	Commission de la concurrence de Maurice
Mexique	MEX	Commission fédérale de concurrence économique (depuis octobre 2025, Commission nationale antimonopole) Institut fédéral des télécommunications
Pays-Bas	NLD	Autorité des consommateurs et des marchés
Nouvelle-Zélande	NZL	Commission du Commerce de Nouvelle-Zélande
Norvège	NOR	Autorité norvégienne de la concurrence
Panama	PAN	Autorité de protection des consommateurs et de défense de la concurrence
Paraguay	PRY	Commission nationale de la concurrence
Pérou	PER	Institut national de défense de la concurrence et de protection de la propriété intellectuelle
Philippines	PHL	Commission de la concurrence des Philippines
Pologne	POL	Bureau de la concurrence et de la protection des consommateurs
Portugal	PRT	Autorité portugaise de la concurrence
Roumanie	ROU	Conseil roumain de la concurrence
Arabie saoudite	SAU	Autorité générale de la concurrence
Singapour	SGP	Commission de la concurrence et de la protection des consommateurs de Singapour
République slovaque	SVK	Bureau antimonopole de la République slovaque
Slovénie	SVN	Agence slovène de protection de la concurrence
Espagne	ESP	Commission nationale espagnole des marchés et de la concurrence
Suède	SWE	Autorité suédoise de la concurrence
Suisse	CHE	Commission de la concurrence
Taipei chinois	TWN	Commission du commerce équitable du Taipei chinois
Trinité-et-Tobago	TTO	Commission du commerce équitable de Trinité-et-Tobago
Tunisie	TUN	Conseil de la concurrence de Tunisie
Türkiye	TUR	Autorité turque de la concurrence
Ukraine	UKR	Comité antimonopole d'Ukraine
Royaume-Uni	GBR	Autorité de la concurrence et des marchés
États-Unis	USA	Division antitrust du ministère de la Justice Bureau de la concurrence de la Commission fédérale du commerce

Références

Armoogum, K. (2017), « Assessing the comparative performance of competition authorities », *UEA*, https://ueaeprints.uea.ac.uk/id/eprint/61978/1/Final_thesisV2-_Prishnee_Armoogum.pdf. [51]

Calligaris, S. et al. (2025), « Concentration and business dynamics in product markets », *OECD Science, Technology and Industry Working Papers*, n° 2025/04, OECD Publishing, Paris, https://doi.org/10.1787/d714066e-en. [48]

Chiriac, I. (2021), « The Impact of Economy on Mergers & Acquisitions in European Markets », *Journal of Financial Studies & Research*, https://doi.org/10.5171/2021.206635. [17]

Connor, J. (2019), *Twilight of Prosecutions of the Global Auto-Parts Cartels*, https://www.antitrustinstitute.org/wp-content/uploads/2019/07/Auto-Parts-Cartel-Twilight-of-AAI-WP_7.17.19.pdf. [37]

Davis, S. et P. Ormosi (2017), *Quantifying the Deterrent Effect of Anti-Cartel Enforcement*, https://papers.ssrn.com/sol3/papers.cfm?abstract_id=2520014 (consulté le September 2025). [35]

European Commission (2018), *Antitrust: Commission fines Google €4.34 billion for illegal practices regarding Android mobile devices to strengthen dominance of Google's search engine*, https://ec.europa.eu/commission/presscorner/detail/en/ip_18_4581. [45]

European Commission (2017), *Antitrust: Commission fines Google €2.42 billion for abusing dominance as search engine by giving illegal advantage to own comparison shopping service*, https://ec.europa.eu/commission/presscorner/detail/en/ip_17_1784. [47]

European Commission (2016), *Antitrust: Commission fines truck producers € 2.93 billion for participating in a cartel*, https://ec.europa.eu/commission/presscorner/detail/en/ip_16_2582. [46]

ICN (2018), *Cartel Settlements: Report to the ICN Annual Conference*, https://www.internationalcompetitionnetwork.org/wp-content/uploads/2018/05/CWG_Settlements.pdf. [43]

Koltay, G., S. Lorincz et T. Valletti (2023), « Concentration and Competition: Evidence From Europe and Implications For Policy », *Journal of Competition Law & Economics*, vol. 19/3, pp. 466-501, https://doi.org/10.1093/joclec/nhad012. [44]

Lakra, N. (2024), « The Influence of Macroeconomic Factors on Mergers and Acquisitions and Stock Market Performance », *International Journal for Multidisciplinary Research*, vol. 6/4, https://www.ijfmr.com/papers/2024/4/25615.pdf. [16]

OCDE (2025), *Algorithmic pricing and competition in G7 jurisdictions : Emerging trends and responses*, Éditions OCDE, Paris, https://doi.org/10.1787/f36dacf8-en. [1]

OCDE (2025), « Concurrence dans l'offre de services d'informatique en nuage », n° 323, Éditions OCDE, Paris, https://doi.org/10.1787/27798cae-fr. [2]

OCDE (2025), « Évaluer l'impact des activités des autorités de la concurrence », n° 320, Éditions OCDE, Paris, https://doi.org/10.1787/fe8770b1-fr. [49]

OCDE (2025), *Perspectives économiques de l'OCDE, Volume 2025 Numéro 1 : S'attaquer à l'incertitude, relancer la croissance*, Éditions OCDE, Paris, https://doi.org/10.1787/15a25f4a-fr. [18]

OCDE (2024), « Pro-competitive industrial policy », *OECD Roundtables on Competition Policy Papers*, n° 309, Éditions OCDE, Paris, https://doi.org/10.1787/7c6b4708-en. [8]

OCDE (2024), *Tendances de l'OCDE sur la concurrence 2024 (version abrégée)*, Éditions OCDE, Paris, https://doi.org/10.1787/83258053-fr. [19]

OCDE (2024), « The intersection between competition and data privacy », *OECD Roundtables on Competition Policy Papers*, n° 310, Éditions OCDE, Paris, https://doi.org/10.1787/0dd065a3-en. [7]

OCDE (2024), *The standard and burden of proof in competition law cases*, Éditions OCDE, Paris, https://doi.org/10.1787/20758677. [32]

OCDE (2023), « Algorithmic Competition », *OECD Roundtables on Competition Policy Papers*, n° 296, Éditions OCDE, Paris, https://doi.org/10.1787/cb3b2075-en. [3]

OCDE (2023), « Competition in the Circular Economy », *OECD Roundtables on Competition Policy Papers*, n° 298, Éditions OCDE, Paris, https://doi.org/10.1787/4b829cf6-en. [11]

OCDE (2023), « The Future of Effective Leniency Programmes: Advancing Detection and Deterrence of Cartels », *OECD Roundtables on Competition Policy Papers*, n° 299, Éditions OCDE, Paris, https://doi.org/10.1787/9bc9dd57-en. [31]

OCDE (2023), « The Optimal Design, Organisation and Powers of Competition Authorities », *OECD Roundtables on Competition Policy Papers*, n° 304, Éditions OCDE, Paris, https://doi.org/10.1787/dca26a24-en. [39]

OCDE (2023), « The Role of Innovation in Competition Enforcement », *OECD Roundtables on Competition Policy Papers*, n° 301, Éditions OCDE, Paris, https://doi.org/10.1787/6599e020-en. [21]

OCDE (2023), « Theories of Harm for Digital Mergers », *OECD Roundtables on Competition Policy Papers*, n° 293, Éditions OCDE, Paris, https://doi.org/10.1787/0099737e-en. [4]

OCDE (2023), *Use of Economic evidence in cartel cases - Issues Note by the Secretariat to the break-out sessions*, https://one.oecd.org/document/DAF/COMP/GF(2023)5/en/pdf. [34]

OCDE (2022), « Remedies and Commitments in Abuse Cases », *OECD Roundtables on Competition Policy Papers*, n° 288, Éditions OCDE, Paris, https://doi.org/10.1787/b975b0e3-en. [38]

OCDE (2022), « Subsidies, Competition and Trade », *OECD Roundtables on Competition Policy Papers*, n° 289, Éditions OCDE, Paris, https://doi.org/10.1787/57a34bc6-en. [9]

OCDE (2022), « The Relationship between FDI Screening and Merger Control Reviews », *OECD Roundtables on Competition Policy Papers*, n° 287, Éditions OCDE, Paris, https://doi.org/10.1787/8bcc96f0-en. [24]

OCDE (2021), « Abuse of dominance in Digital Markets », *OECD Roundtables on Competition Policy Papers*, n° 256, Éditions OCDE, Paris, https://doi.org/10.1787/4c36b455-en. [50]

OCDE (2021), « Economic Analysis and Evidence in Abuse Cases », *OECD Roundtables on Competition Policy Papers*, n° 269, Éditions OCDE, Paris, https://doi.org/10.1787/63e6d5f0-en. [33]

OCDE (2021), « Environmental Considerations in Competition Enforcement », *OECD Roundtables on Competition Policy Papers*, n° 266, Éditions OCDE, Paris, https://doi.org/10.1787/2616c43c-en. [12]

OCDE (2021), *OECD Competition Trends 2021*, Éditions OCDE, Paris, https://doi.org/10.1787/308565fd-en. [25]

OCDE (2021), *Perspectives économiques de l'OCDE, Volume 2021 Numéro 1*, Éditions OCDE, Paris, https://doi.org/10.1787/631c1b44-fr. [15]

OCDE (2021), « Sustainability and Competition », *OECD Roundtables on Competition Policy Papers*, n° 262, Éditions OCDE, Paris, https://doi.org/10.1787/18e2061c-en. [13]

OCDE (2021), « The Concept of Potential Competition », *OECD Roundtables on Competition Policy Papers*, n° 263, Éditions OCDE, Paris, https://doi.org/10.1787/82caa437-en. [22]

OCDE (2021), « The Role of Competition Policy in Promoting Economic Recovery », *OECD Roundtables on Competition Policy Papers*, n° 264, Éditions OCDE, Paris, https://doi.org/10.1787/0f9ccd5b-en. [5]

OCDE (2021), « Trade, Development and Competition - Pursuing Development Goals through Trade and Competition Law », *OECD Roundtables on Competition Policy Papers*, n° 270, Éditions OCDE, Paris, https://doi.org/10.1787/8440c1b7-en. [10]

OCDE (2021), « Using Market Studies to Tackle Emerging Competition Issues », *OECD Roundtables on Competition Policy Papers*, n° 265, Éditions OCDE, Paris, https://doi.org/10.1787/3ff6e671-en. [30]

OCDE (2020), *Perspectives économiques de l'OCDE, Volume 2020 Numéro 2*, Éditions OCDE, Paris, https://doi.org/10.1787/8dd1f965-fr. [14]

OCDE (2019), « Independent Sector Regulators », *OECD Roundtables on Competition Policy Papers*, n° 239, Éditions OCDE, Paris, https://doi.org/10.1787/b8adc68f-en. [40]

OCDE (2018), « Considering Non-Price Effects in Merger Control », *OECD Roundtables on Competition Policy Papers*, n° 216, Éditions OCDE, Paris, https://doi.org/10.1787/cdb19665-en. [23]

OCDE (2018), « Disentangling Consummated Mergers – Experiences and Challenges », *OECD Roundtables on Competition Policy Papers*, n° 277, Éditions OCDE, Paris, https://doi.org/10.1787/617a75e3-en. [20]

OCDE (2018), *Guide sur les études de marché à l'intention des autorités de la concurrence*, Éditions OCDE, Paris, https://doi.org/10.1787/2ec873ab-fr. [29]

OCDE (2017), « Methodologies for Market Studies », *OECD Roundtables on Competition Policy Papers*, n° 205, Éditions OCDE, Paris, https://doi.org/10.1787/8731d5ef-en. [28]

OCDE (2016), « Independence of Competition Authorities - From Design to Practice », *OECD Roundtables on Competition Policy Papers*, n° 195, Éditions OCDE, Paris, https://doi.org/10.1787/ea9749e1-en. [41]

OCDE (2016), « The Role of Market Studies as a Tool to Promote Competition », *OECD Roundtables on Competition Policy Papers*, n° 197, Éditions OCDE, Paris, https://doi.org/10.1787/3aaffccf-en. [27]

OCDE (2015), *Études de marché : résultats d'une enquête de l'OCDE*, https://one.oecd.org/document/DAF/COMP(2015)7/fr/pdf. [26]

OCDE (2014), *Institutional design of competition authorities*, https://www.oecd.org/content/dam/oecd/en/publications/reports/2014/12/institutional-design-of-competition-authorities_ff81d3e9/cbf487a1-en.pdf. [42]

UNCTAD (2022), *Rethinking competition law enforcement: Lessons learned from the pandemic, particularly in socially important markets – Challenges and opportunities for an effective response during the pandemic and economic recovery in the post-pandemic period*, https://unctad.org/system/files/official-document/ciclpd63_en.pdf. [6]

US DOJ (2023), *Sherman Act Violations Resulting in Criminal Fines & Penalties of $10 Million or More*, https://www.justice.gov/atr/sherman-act-violations-yielding-corporate-fine-10-million-or-more. [36]

Notes

[1] L'échantillon de juridictions comprend celles pour lesquelles l'autorité ou les autorités de la concurrence compétente(s) ont fourni des données couvrant la période 2015-24.

[2] De nombreuses mesures de type *ex ante* ont vu le jour. Des instruments tels que la législation sur les marchés numériques (*Digital Markets Act* – DMA) de l'Union européenne, la loi sur les smartphones au Japon et la loi sur les marchés numériques, la concurrence et les consommateurs (*Digital Markets, Competition and Consumers Act* – DMCCA) au Royaume-Uni visent à garantir la concurrence en imposant certaines obligations aux grandes entreprises numériques. Des initiatives similaires ont également été mises en place dans d'autres juridictions.

[3] Ce rapport est descriptif et vise à mettre en évidence les relations observables entre les variables en fonction des données disponibles, sans affirmer de causalité ou de signification statistique. Si l'analyse descriptive fournit des informations précieuses sur les trajectoires et les corrélations potentielles, elle ne tient pas compte des interactions complexes. Une analyse économétrique plus approfondie est nécessaire pour évaluer de manière plus rigoureuse ces relations, notamment pour identifier les effets statistiquement significatifs.

[4] Un examen des enquêtes et des décisions relatives aux fusions révèle une très forte corrélation positive de 0.99.

[5] Compte tenu de la nécessité de partager les expériences et les meilleures pratiques en la matière, ce sujet sera abordé lors de la prochaine réunion du Comité de la concurrence en juin 2026.

[6] De nombreux ouvrages universitaires présentent des preuves solides démontrant que la concentration industrielle s'est accrue au cours des dernières décennies. En février 2025, (Calligaris et al., 2025[48]) ont publié un document de travail intitulé *Concentration and business dynamics in product markets* (Concentration et dynamique commerciale sur les marchés de produits). Ce document visait à mesurer la concentration sur les marchés de produits en Europe et concluait que la concentration des produits et des industries avait augmenté en Europe entre 2012 et 2021. Voir également Koltay, Lorincz et Valetti (2023[44]).

[7] Il est important de noter que cette orientation diffère de celle mise en évidence dans les éditions précédentes du rapport *Tendances de l'OCDE sur la concurrence* en raison d'un changement dans l'échantillon qui a eu un impact significatif sur la tendance.

[8] Le plus récent est celui du Pérou, qui a introduit son régime de contrôle des fusions en 2021.

[9] Armoogum et al. (2017[51]) examinent l'effet de dissuasion et soulignent que le nombre moindre d'enquêtes pourrait indiquer soit qu'une autorité de la concurrence est « faible » tant en matière

d'application que de dissuasion, soit qu'elle est « forte » parce qu'elle exerce un tel effet de dissuasion à l'égard des comportements anticoncurrentiels potentiels qu'il reste moins d'infractions à détecter.

[10] Pour plus d'informations, voir « Évaluer l'impact des activités des autorités de la concurrence » (OCDE, 2025[49])

[11] Survey of Practitioners on the Deterrent Effects of EU Competition Enforcement - Lear, https://www.learlab.com/news/survey-of-practitioners-on-the-deterrent-effects-of-eu-competition-enforcement/

[12] L'UE a infligé les amendes suivantes :

- dans une affaire concernant Google d'un montant de 4.34 milliards EUR pour pratiques illégales concernant les appareils mobiles Android afin de renforcer la position dominante du moteur de recherche Google (European Commission, 2018[45])
- dans une affaire concernant Google d'un montant de 2.42 milliards EUR pour abus de position dominante en tant que moteur de recherche en conférant un avantage illégal à son propre service de comparaison des prix (European Commission, 2017[47])
- dans une affaire concernant les constructeurs de camions d'un montant de 2.93 milliards EUR pour participation à une entente (European Commission, 2016[46])

[13] Voir, par exemple, OCDE (2021[33] ; 2021[50]) pour une discussion sur la complexité croissante de l'analyse nécessaire dans les affaires d'abus de position dominante.

[14] Outre les sanctions pécuniaires, plusieurs autorités de la concurrence prévoient des sanctions pénales pour les pratiques d'entente. Les tendances en matière de sanctions pénales ne sont pas évaluées dans le présent rapport en raison des limites des données disponibles. Par conséquent, l'analyse présentée donne seulement une image partielle de l'évolution des sanctions dans les affaires d'entente.

[15] Les différents régimes de concurrence ont des définitions et des considérations différentes en matière de transactions amiables. Pour une analyse de ces différences, voir (ICN, 2018[43])

[16] Il s'agit de la moyenne sur l'ensemble de la période concernant toutes les juridictions de l'échantillon qui ont déclaré l'effectif total et le personnel affecté à des activités liées à la concurrence sur les dix années examinées.

[17] La Commission européenne participe aux travaux de l'OCDE, conformément au Protocole supplémentaire à la Convention relative à l'Organisation de Coopération et de Développement Économiques.

www.ingramcontent.com/pod-product-compliance
Ingram Content Group UK Ltd.
Pitfield, Milton Keynes, MK11 3LW, UK
UKHW051643031026
15588UKWH00007B/1298

9 789264 857209